Melanie Hubermann

Teenage Blues

Was Eltern bei **depressiven Verstimmungen** ihrer Kinder tun können

BELTZ

FSC
www.fsc.org
MIX
Papier | Fördert gute Waldnutzung
FSC® C089473

Dieses Buch ist erhältlich als:
ISBN 978-3-407-86813-8 Print
ISBN 978-3-407-86824-4 E-Book (EPUB)

1. Auflage 2024

Dieses Werk wurde vermittelt durch die Literarische Agentur Gaeb & Eggers
Lektorat: Katharina Theml, Büro Z, Wiesbaden
Umschlaggestaltung: anjagrimmgestaltung.de
Bildnachweis: © Anna_Isaeva/istock.com

Herstellung und Layout: Sarah Veith

Satz: Publikations Atelier, Weiterstadt
Druck und Bindung: Beltz Grafische Betriebe, Bad Langensalza
Beltz Grafische Betriebe ist ein klimaneutrales Unternehmen (ID 15985-2104-100)
Printed in Germany

Weitere Informationen zu unseren Autor:innen und Titeln
finden Sie unter: www.beltz.de

Inhalt

Familie als sicherer Hafen

Kinder und Jugendliche sind wie Boote, sie brauchen Orientierung, einen Rahmen und klare Strukturen. Es ist völlig in Ordnung, dass sie hinausziehen und die Meere entdecken wollen, aber dazu brauchen sie die Anleitung ihrer Eltern, einen Leuchtturm, an dem sie sich ausrichten können, und einen Hafen, in den sie bei Sturm zurückkehren können.

Eltern sind die Ersten, die ihren Kindern dabei helfen, Identität, Wurzeln und Persönlichkeit zu bilden. Und die Familie ist der Hafen, mit dem jedes Kind sein ganzes Leben verbunden bleibt. Sichere Bindung gibt ihnen Halt, und starke Eltern weisen ihnen den Weg durch ruhige wie unruhige Zeiten. Du bist der Leuchtturm im Leben deiner Kinder. Du bist der Experte eures Hafens, kennst die Regeln, Strukturen und Werte. Du sorgst täglich für die Boote und erkennst, was sie benötigen. Diese Rahmenbedingungen sind wichtig, damit kein Chaos entsteht. Denn Orientierungslosigkeit und unklare Entscheidungen verunsichern das Familiensystem. Kinder verlieren sich, können laut, hippelig, aggressiv, aber auch depressiv werden, wenn sie sich bei ihren Eltern, im Hafen, nicht sicher fühlen.

Mein Team und ich treffen auf viele Jugendliche an der Schwelle zur Pubertät, deren Sozialkompetenz eingeschränkt ist, die traurig und bedrückt wirken und keine Perspektiven in ihrem Leben sehen. Herausfordernde Verhaltensweisen, allgemeine Ängste, Sozialangst, nicht mehr in großen Gruppen sein zu wollen, Rückzug, aber auch aggressives Verhalten sind in den letzten Jahren angestiegen.

Wir leben in besonderen Zeiten. Unsere moderne und leistungsorientierte Gesellschaft stellt uns vor große Herausforderungen. Wir haben Gefallen an unseren persönlichen Freiheiten, wählen unsere Familienentwürfe, ob im klassischen Sinne als Mutter-Vater-Kind-Konzept, Patchwork, alleinerziehend oder divers und vieles mehr. Wir genießen einen offenen Zugang zu Bildung und zu jeder Form von Informationen. Unsere Gedanken sind frei, und wir leben in einer Gesellschaft, in der die Meinungsfreiheit und die persönliche Privatsphäre ein wertvolles Gut sind. Dieser Individualismus schenkt uns große Freiheit und Einsamkeit zugleich.

Doch vergessen wir nicht, dass Menschen Sippentiere sind. Schon in der Steinzeit überlebten nur die Stämme mit einem starken Zusammenhalt. Dafür entwickelten sie ihre Hierarchien, Werte und Glaubenssätze. Die Stammesstruktur organisierte die Abläufe, ermöglichte Orientierung und sicherte damit das Überleben der Gruppe. Dieses Bewusstsein ist tief in unserer DNA verankert. Bis heute kommen wir mit einem ausgeprägten Bedürfnis nach Zugehörigkeit auf die Welt.

Wir Menschen möchten zu einem sozialen System dazugehören. Im Laufe unseres Lebens kommen wir mit unterschiedlichen sozialen Systemen in Berührung. Doch das prägendste System ist unser Familiensystem. Hier erleben wir ein tiefes Gefühl der Verbundenheit. Gemeinsame Werte, Visionen und Ziele verbinden uns miteinander. Die bedingungslose Liebe unserer Eltern ermöglicht uns, Selbstvertrauen zu entwickeln. Wir brauchen dieses Gefühl der Zugehörigkeit, um Wurzeln zu schlagen, unsere Identität zu entwickeln, uns in unserem Leben sicher zu fühlen und ein kooperatives, selbstbewusstes Mitglied der Gesellschaft zu werden. Gleichzeitig mit diesem Bedürfnis nach Gemeinschaft streben wir nach Individualisierung. Vor diesem Hintergrund und der Frage, wie bedeutend Gemeinschaft für den Menschen ist, hat der Neurowissenschaftler John Cacioppo zum Thema Einsamkeit geforscht.[1]

Er musste feststellen, dass Menschen, die sich einsam fühlen, einen höheren Stresspegel entwickeln und anfälliger für Depressionen werden. Sich einsam zu fühlen kann bedeuten, dass ein Mensch sich mit niemandem verbunden fühlt. Es kann auch bedeuten, dass der Mensch viele Freunde hat, aber zu niemandem eine so tiefe Bindung spürt, dass er sich sicher und aufgehoben fühlt. In unserer schnelllebigen Zeit bleibt oft keine Zeit für tiefe Bindungen. Auch bei geselligen Menschen sind Verabredungen oft davon gekennzeichnet, dass sie parallel auf ihr Handy reagieren und hundert weitere Dinge im Kopf hin- und herschieben. Unter diesen Umständen sind wir nicht präsent, und Präsenz ist nötig für eine klare und stabile Beziehung.

Doch unsere moderne, individualisierte Gesellschaft, auf die wir aufgrund von Freiheiten, Technologien und anderen Errungenschaften sehr stolz sind, entspricht nicht unserem Naturell. Man könnte meinen, dass unsere Lebensform uns geradezu krank machen kann. Diese Welt, gespickt mit alltäglichen, neuen, kleinen und großen Fragen, kombiniert mit großen Krisen, lässt auch uns Erwachsene auf unsicheren Beinen stehen. Wir wählen neue Lebenskonzepte und suchen Antworten auf unsere Fragen. Oft fehlen uns dafür Vorbilder aus vorangegangenen Generationen.

Die digitale Welt ist dafür ein anschauliches Beispiel. Immer wieder sind wir mit Neuheiten konfrontiert, wie zum Beispiel sozialen Netzwerken oder Plattformen. Wie können wir beurteilen, welches Angebot sinnvoll ist und uns oder unseren Kindern weiterhilft? Ein Beispiel ist ChatGPT, eine neue Errungenschaft von Entwicklern, mit dem Potenzial, die Welt zu verändern. Aber wie führe ich meine Kinder da heran, was rate ich ihnen für den Umgang mit dieser neuen Entwicklung? Was heute noch richtig scheint, kann sich morgen als falsch herausstellen. Das alles sind Fragen, die Großeltern – und oft auch Eltern – mithilfe ihres Schatzes an Lebenserfahrung häufig nicht mehr beantworten können.

Leuchttürme als Schlüssel zur New Authority

Für das Bild einer Familie von heute nutze ich gern die Metapher »Hafen«. Der Hafen symbolisiert zum einen, was eine Familie braucht, und zum anderen wird deutlich, was passiert, wenn in diesem Konzept etwas nicht funktioniert. Ein Hafen hat klare Strukturen und feste Regeln. Hier hat jedes Boot seinen Anlegeplatz und wird mit allem Nötigen ausgestattet, um in See zu stechen. Da dürfen ein Anker, Segel, Ruder und Navigationsgeräte nicht fehlen. Der Hafenmeister sorgt dafür, dass die Regeln penibel eingehalten werden. Bist du schon mal vom Hafenmeister erwischt worden, wie du den falschen Anlegeplatz ansteuerst? Das machst du nur einmal!

Jeder Hafen hat einen großen Leuchtturm. Im besten Fall steht dieser in einem festen Fundament, hat geputzte Fenster und ein starkes Licht, mit dem er den Booten die Richtung weisen kann. Der Leuchtturm ist das Symbol für einen festen und klaren Orientierungspunkt. Außerdem befinden sich noch andere große und kleine, in anderen Farben angestrichene Leuchttürme im Hafen. Jeder Leuchtturm hat seine feste Aufgabe und unterstützt damit den Hauptleuchtturm. Und wenn der große Leuchtturm doch mal wegen Renovierungsbedarf ausfällt, übernehmen zeitweise die anderen Leuchttürme gemeinsam die Aufgabe des großen Leuchtturms.

Wenn ein Boot schließlich voll ausgestattet, die Besatzung sicher im Umgang mit den Gezeiten ist und die Regeln für ein gefahrenfreies Vorankommen verinnerlicht hat, kann das Boot den Hafen verlassen und die weite Welt erkunden. Der Leuchtturm weist ihm vielleicht zu guter Letzt noch, welche Richtung es einschlagen könnte. Er hat so großes Vertrauen in die Ausstattung des Bootes, dass er es in See stechen lässt, ohne einen Helikopter zur Sicherheit hinterherzuschicken.

Genauso geht es dem Boot: Es vertraut auf den Leuchtturm in seinem sicheren Fundament und auf sein Licht, das Orientierung gibt. Sollte die See rau werden, findet das Boot, mithilfe des Leuchtturms, zurück in den Hafen.

Aber wie kann es Eltern heute – mit all der Verunsicherung, die das Elternsein, aber auch die moderne Welt, die neuen Medien, gesellschaftliche und globale Krisen etc. mit sich bringen – gelingen, Leuchttürme mit einem festen Stand zu sein, mit einem guten Überblick, mit der Fähigkeit, Ordnung und Struktur zu geben und Grenzen zu setzen? Auf der Suche nach Antworten las ich von einem Haltungskonzept, das zur Beratung von Eltern entwickelt wurde. Es konzentriert sich darauf, Eltern zu stärken, mit ihnen Präsenz zu erarbeiten und sie fest in ihr Fundament zu stellen. Da die meisten psychologischen und pädagogischen Ansätze sich in den letzten Jahren eher auf das Kind fokussierten, wurde ich neugierig und traf in Israel, im größten Kinderkrankenhaus des Nahen Ostens, ein sehr erfahrenes Psychologenteam.

Dieses Team beschäftigt sich seit vielen Jahren mit dem Phänomen orientierungsloser und unsicherer Eltern. Zu Beginn ihrer Arbeit berieten sie vor allem Eltern, die Angst vor ihren Kindern und deren aggressiven Verhaltensweisen hatten. Heute arbeiten verschiedene Teams zu unterschiedlichen Schwerpunkten wie zum Beispiel AD(H)S, Essstörungen und Ängste.

Auch in Israel ist die westliche Modernisierung nicht spurlos an den Familien vorbeigegangen. Traditionell stellt die israelische Gesellschaft Kinder über alle Bedürfnisse. Kinder sind das Symbol für Leben und Überleben. Jedes Kind wird geliebt und gefördert, so wie es ist. Aber eine hohe Arbeitsbelastung, die Entwicklung der digitalen Welt und die ständige Angst um die Sicherheit der Kinder, ausgelöst durch die politische Situation, haben israelische Eltern ängstlich und unsicher werden lassen. Viele scheuen sich davor, Grenzen zu setzen, und es fehlt an klaren Ansagen. Psychologen beobachten seit Jahren eine ansteigende Aggressivität von Kindern, Schuldistanz sowie Depressionen und Ängstlichkeit bei Kindern und Jugendlichen.

Aus dieser Beobachtung heraus entwickelten die Psychologen einen nachhaltigen Ansatz, der vor allem eine Haltung vermittelt, die Eltern stärkt und aus ihrer Hilflosigkeit herausführen kann. Das Konzept »New Authority« – Neue Autorität – steht in der Tradition des gewaltfreien Widerstands und setzt auf Stärke statt Macht. Diese Haltung distanziert sich von der »Alten Autorität« und verbindet die gewaltfreie Kommunikation, systemische Familientherapie und Forschungen zur Bindungstheorie. Der Fokus liegt in der Beziehungsarbeit und fußt auf dem Verständnis, dass Beziehung durch Bindung entsteht und nicht durch Unterdrückung und dass wir Kindern nicht mit Macht, sondern mit Stärke begegnen.

Aus meiner Arbeit mit Eltern, angelehnt an die Haltung der New Authority, entstand mein Buch *Leuchtturmeltern*. In diesem Buch beschreibe ich kleinschrittig, wie diese neue Haltung ihren Platz im Familienalltag finden kann. Auch hier liegt das Hauptaugenmerk auf dem Leuchtturm, der ein festes Fundament benötigt, um emotionale Instabilität, wie ausufernde Wut bei Kindern, einzudämmen beziehungsweise ihr vorzubeugen. Zur Sicherung des Fundaments beschreibe ich dort unter anderem Folgendes:

» **Die Präsenz von Eltern**
Wie spüre ich mich körperlich und wie selbstreflektiert bin ich mit meinem Selbst?

» **Die wachsame Sorge**
Ich lasse mein Kind die Welt altersentsprechend, selbstständig erkunden und vertraue auf seine gute Ausstattung. Doch wenn es sich in Gefahr bringt, rücke ich wieder näher heran.

» **Selbstkontrolle und Selbstfürsorge**
Es gibt nur einen Menschen, dessen Verhalten ich kontrollieren kann, und das bin ich selbst.

» **Eigene und gemeinsame Grenzen kennen**
Ich habe einen Wertekompass, der mir hilft, meine Grenzen zu kennen, um dann gemeinsam mit meiner Familie auch Familiengrenzen zu entwickeln.

» **Die Deeskalation**:
In herausfordernden Situationen kann ich nicht das Verhalten meines Kindes verändern, aber ich kann mein Verhalten steuern. Dabei gilt, Situationen nicht sofort lösen zu müssen, sondern das Eisen zu schmieden, wenn es kalt ist. Hier kann ich, statt mich im Streit zu verlieren, mit Beharrlichkeit und Klarheit zeitversetzt mit einem sinnvollen Lösungsangebot auf mein Kind zurückkommen.[2]

Diese Tools wirst du, angepasst an den Umgang mit depressiven Verstimmungen, auch in diesem Buch kennenlernen. Dabei werden Schlüsselbegriffe der »New Authority« wie Präsenz, Orientierung und Beharrlichkeit immer wiederkehren. Gerade in Krisensituationen zeigt sich, wie wirkungsvoll diese drei Begriffe sind. Wenn Leuchttürme wie Eltern, Lehrkräfte und Pädagogen sich ihrer eigenen Regeln und Werte bewusst werden, eine wachsame Präsenz ausstrahlen, in schwierigen Situationen umsichtig handeln, Grenzen setzen und dem Kind eine respektvolle Orientierung bieten, besitzen sie die Grundinstrumente, um Krisen zu meistern und ihnen vorzubeugen.

Familie als System

Als Familientherapeutin und Mutter lebe ich mit einer systemischen Haltung. Ich betrachte ein Individuum im Kontext seines Systems. Und wenn jemand Unterstützung braucht, beziehe ich dessen System als Unterstützernetzwerk mit ein und stärke die mit eingebundenen Leuchttürme. Hier trägt mich auch der weit verbreitete afrikanische Stammesspruch: »Es braucht ein Dorf, um ein Kind großzuziehen.«

Ich bin davon überzeugt, dass wir Kinder nicht allein und ohne Unterstützung großziehen sollten. Wir sind von Natur aus Familienmenschen. Die moderne Welt bietet uns zwar nicht mehr so selbstverständlich das Dorf, das es braucht, um ein Kind großzuziehen. Aber wir besitzen die Freiheit, unser eigenes Dorf nach unseren Bedürfnissen zu bauen.

Als systemische Familientherapeutin habe ich vor einigen Jahren ein solches Dorf gegründet. Es ist ein Therapiezentrum in Berlin, in dem ich mit Kollegen und Kolleginnen aus verschiedenen Fachbereichen gemeinsam arbeite. Seit Jahren begleiten wir Familien interdisziplinär in den Bereichen Ergotherapie, Logopädie und systemischer Familientherapie. Ich habe ein inneres und ein äußeres Netzwerk aufgebaut, um auch die Perspektiven und Unterstützungsmöglichkeiten von Schulen, Kitas, Ärzteschaft und anderen Therapeuten und Therapeutinnen in unser System einzubinden.

So arbeite ich unter anderem eng mit einer Schulpsychologin aus einer benachbarten Grundschule zusammen. Sie empfiehlt Familien in ihren Beratungsgesprächen, sich an uns zu wenden. Dabei kann sie sich auf ganz konkrete Angebote stützen. Sie erklärt den Familien, dass eine Elternberatung für die Familie oder eine Ergotherapie für den Schüler oder die Schülerin sehr entlastend sein kann. Sobald die Familie zustimmt, stellt die Schulpsychologin den ersten Kontakt zwischen der Familie und mir her. Und dann bleibt sie beharrlich dran. Alle vier Wochen fragt sie nach, ob die Familie die empfohlene Therapie oder Beratung begonnen hat, ob sie aus Schulperspektive unterstützen kann oder ob ein Informationsaustausch zwischen allen Beteiligten sinnvoll wäre. Der Austausch zwischen Schule und uns kostet nichts, sondern entspricht der gemeinsamen

Haltung: Je enger wir im Austausch sind, desto schneller sind Probleme gelöst und die Familie kann aus dem Helfersystem entlassen werden. Das klingt übergriffig? So könnten wir es in unserer westlichen, modernen, individualisierten Gesellschaft zumindest deuten. Doch aus der Perspektive der New Authority ist diese Schulpsychologin ein wichtiger, verlässlicher Leuchtturm. Sie unterstützt die Familie wertschätzend, nachhaltig und lösungsorientiert.

Die Pandemie hat uns deutlich gezeigt, was es bedeutet, wenn der Leuchtturm Risse bekommt oder in Treibsand gerät: Plötzlich standen wir alle vor existenziellen Fragen. Wie gefährlich ist dieses Virus? Werden wir überleben? Sind unsere Kinder potenzielle Gefahren für unsere alternden Eltern? Haben wir morgen noch Arbeit? Wie lange können wir unsere Rechnungen noch zahlen? Sollen wir uns und unsere Kinder impfen lassen? Auf viele dieser Fragen gab es keine einfachen Antworten, und das hat viele von uns aus ihrem Fundament gerissen. Gespräche und Diskussionen waren durch Abstand und Isolation kaum möglich. Der Hafen war in dieser Zeit in vielen Bereichen defekt und außer Betrieb.

Begleitet von solchen Ängsten, mussten mein Team und ich uns auch die Frage stellen, wie wir unser Netzwerk, das so wertvoll für die Arbeit mit unseren Familien ist, aufrechterhalten. Wir blieben als kleines Dorf für unsere Familien präsent und versuchten, soweit es möglich war, ganz nah an ihnen dran zu bleiben. Konnten wir sie nicht vor Ort willkommen heißen, trafen wir sie online.

Die Zunahme depressiver Verstimmungen bei Jugendlichen

Und doch hat uns das Ausmaß der Auswirkungen der Pandemie auf die Entwicklung der Kinder und ihrer Familien kalt erwischt. Auch die aktuellen Entwicklungen wie Krieg, Wirtschafts- und Klimakrise lassen Familien und ihre heranwachsenden Kinder nicht zur Ruhe kommen.

Studien wie COPSY zeigen, dass die Zahl von psychischen Störungen bei Jugendlichen während der Pandemie stark angestiegen ist.[3] Die erschreckend hohen Zahlen hat auch die Studie GUCK-Hin unter der Leitung von Prof. Dr. Tanja Michael bestätigt. Sie weist nach, dass die Hälfte aller psychischen Störungen im Zeitraum der Studie vor dem 18. Lebensjahr auftritt. Die Pandemie, der Ukrainekrieg, aber auch das Thema Klima und die Angst vor einer Wirtschaftskrise und steigenden Kosten führen zu weiteren Belastungen. Prof. Dr. Michael warnt davor, dass depressive Verstimmungen in der Pubertät zu weiteren Schüben im Erwachsenenalter führen können.[4]

Die gute Nachricht ist, dass junge Menschen im Vergleich zu Erwachsenen in der Regel sensibler und offener auf Therapie und Hilfsangebote reagieren und sich so relativ schnell erholen können. Doch um einer Chronifizierung entgegenzuwirken, braucht es auch schnelle Hilfe.

Die Studien aus den letzten zwei Jahren untermauern meinen Eindruck aus der täglichen Arbeit, dass Kinder und Jugendliche mehr psychische Auffälligkeiten entwickelt haben. Sie begründen diese Entwicklung unter anderem auch damit, dass Strukturen und Regeln zu Hause fehlen. Die Krisen fordern auch Eltern und lösen bei ihnen Überforderung und Stress aus. Auch sie haben existenzielle Fragen und keine sicheren Antworten darauf. Und ich erlebe die Ohnmacht und Hilflosigkeit nicht nur bei Eltern, sondern auch bei Lehrkräften, Psychologen und Schulsozialarbeiterinnen.

Kinder und Jugendliche erleben die Unsicherheiten und Bedrohungen, unter denen ihre Eltern leiden, ebenfalls. So wachsen sie in einer Zeit auf, in der die Orientierung, Sicherheit und Struktur des Hafens und des Leuchtturms fehlen; sie bräuchten sie aber dringend, um sich gesund zu entwickeln. Besonders hart trifft diese Krisensituation junge Heranwachsende am Anfang oder in der Mitte der Pubertät. Eine Phase, die schon von Natur aus herausfordernd sein kann und besonders schwierig wird, wenn persönliche, familiäre oder auch gesellschaftliche Krisen sich dazugesellen. Eine Entwicklungsphase, die den Fokus auf Interaktionen mit Gleichaltrigen, das Erlernen von Sozialkompetenzen, die Vergleichsmöglichkeiten mit Gleichaltrigen, das Erleben von Selbstwirksamkeit sowie Selbstständigkeit und eigene Verantwortung legt, wurde für viele Jugendliche während der Pandemie für zwei Jahre quasi ausgesetzt.

Erwachsenwerden ist ein Prozess, und dafür benötigen wir vor allem Zeit. Die Wissenschaft spricht von Entwicklungsphasen und Bindungsprozessen. Prozesse bedeuten, es braucht Zeit, um zu reifen. Die Auswirkung der Aussetzung dieses Prozesses ist für alle, die mit Jugendlichen zu tun haben, sicht- und spürbar. Und trotzdem sprechen wir zu wenig darüber, und Eltern erleben, dass sie mit den herausfordernden Verhaltensweisen und mentalen Dysbalancen ihrer Kinder alleingelassen werden. Im Gegenteil, die gesellschaftliche Erwartung an Familien und ihre Kinder ist, dass sie funktionieren sollen. Jugendliche sollen Bestleistung in der Schule bringen, fantastische Visionen für ihre Zukunft entwickeln und verlässliche Mitglieder der Gesellschaft werden. Eine Anleitung, Unterstützung oder Zusammenarbeit gibt es für diese Anforderungen leider immer noch viel zu wenig.

Schüler und Schülerinnen fühlen sich im Schulleben oft nicht verstanden. Sie nutzen den Raum vor allem, um ihren Reifeprozess im Kontakt mit Gleichaltrigen nachzuholen. Allerdings fehlen ihnen oft die nötigen Kompetenzen, die sie in der Vergangenheit nicht lernen konnten.

Eltern fühlen sich von den Lehrkräften oft nicht verstanden, und viele Lehrkräfte haben keine hohe Meinung über Eltern und ihre Erziehungskompetenzen. Beide Seiten stehen sich oft unversöhnlich gegenüber und fühlen sich hilflos. Zu oft werden herausfordernde

Situationen auch noch komplizierter, weil Eltern – aber auch Lehrkräfte – befürchten, die Schuld für einen Konflikt oder ein Problem zugewiesen zu bekommen. Die Leidtragenden sind unsere jungen Heranwachsenden. Dabei wären ein gemeinsames Verstehen der Not und der Bedürfnisse der jungen Menschen und ein gemeinsames Handeln nachhaltig wirkungsvoll. Wenn alle Beteiligten sich als Leuchttürme im Leben eines Kindes verstehen und offen für die Kompetenzen der anderen Leuchttürme sind, können alle gemeinsam das Leben von jungen Menschen positiv für die Zukunft und für unsere Gesellschaft prägen.

Es ist mir eine Herzensangelegenheit, an dieser Stelle ganz deutlich zu sagen, dass ich Eltern für die größten Experten ihrer Kinder halte! Als solche tragen sie als die Hauptleuchttürme im Hafen eine große Verantwortung. Die Hauptleuchttürme gestalten den Hafen, sind für die Ausstattung zuständig und wissen, ob, wann und welcher weitere Leuchtturm im Hafen benötigt wird. Meine Haltung als systemische Familientherapeutin lässt mich Familie und Symptome immer im Zusammenhang betrachten. Das heißt, für mich gibt es immer ein Wechselspiel zwischen den Familienmitgliedern und den auftretenden Symptomen. Daher ergibt es für mich keinen Sinn, einen Jugendlichen mit seinen depressiven Symptomen unabhängig von seinem Gesamtsystem – also seinem Hafen, seiner Familie – zu unterstützen. Als Einzelkämpfer fühle ich mich schnell verloren im Kampf um Klarheit und Sicherheit. Viel lieber arbeite ich im Team, bin im Austausch mit allen Beteiligten; dazu gehören neben den Eltern oft Erzieher, Lehrerinnen und die zuweisende Ärzteschaft, Ergotherapeutinnen oder auch die Schulpsychologen. Damit erreicht den jungen Heranwachsenden vor allem eine Botschaft: Du bist nicht egal, du wirst in deiner Not gesehen und bist uns so wichtig, dass wir alle für dich da sind.

Viele Jugendliche fühlen sich in Krisen von ihren Leuchttürmen im Stich gelassen. Sie fühlen sich unverstanden. Ein wichtiger Aspekt bei depressiven Verstimmungen ist, nicht gesehen und verstanden zu werden. Dieses Gefühl führt zu noch mehr Frustration und Hoffnungslosigkeit. Im Gegenzug fürchten viele Eltern, die depressive Verstimmung ihres Kindes und die damit verbundenen Gefühle anzusprechen. Wir tun uns auch heute noch schwer, über Gefühle zu sprechen. Aber darüber zu sprechen, lässt die Angst davor kleiner werden.

Kleiner Fahrplan durchs Buch

Die Gefühlswelt ist groß und vielfältig. So vielfältig wie wir fühlen, so vielfältig ist das Gesicht einer depressiven Verstimmung oder Depression. Als Experte deines Kindes wird dir wahrscheinlich als Erstes auffallen, dass etwas nicht stimmt, etwas anders ist. Manchmal ist es nur so ein vages Bauchgefühl, das dich wissen lässt, dass es deinem Kind nicht gut geht. Hör hin! Ich kann dich nur ermutigen, nimm deine Expertise ernst und sprich dieses sorgende Gefühl an. Und suche dir Unterstützung.

Zu Beginn des Buches beschreibe ich daher, was eine depressive Verstimmung oder eine Depression ist und woran man sie erkennt. Denn wenn du als Experte für dein Kind feststellen musst, dass dein Kind von einem mentalen Ungleichgewicht betroffen ist, stehst du vor noch größeren Herausforderungen. Pubertät oder Depression – nicht immer wissen Eltern, wie sie die Stimmungstiefs ihrer Kinder einordnen sollen. Um den Unterschied zu erkennen, hilft es dir, klar zu sein, das Expertenwissen der Familie zu nutzen und Unterstützung zu suchen. Im Kapitel »Dein professionelles Helfernetz« stelle ich dir viele Möglichkeiten der unmittelbaren Hilfe vor.

Deine Aufgabe als Leuchtturm mit einem depressiven Teenager wird vielfältig und kräfteraubend. Es gilt, in eine intensive Beziehungsarbeit einzusteigen. Sich immer wieder selbst zu reflektieren, um Antworten zu finden, die zu dir und deiner Familie passen. Dabei kann Angst ein ständiger Begleiter in eurem Familiensystem sein, denn Angst ist oft das eigentliche Symptom, das sich hinter einer depressiven Verstimmung und Depression versteckt und angeschaut werden sollte. Das kostet Kraft. Im Kapitel »Angst – das große Gefühl hinter der Depression« beschäftige ich mich daher mit der Angst der Kinder, die sich auch auf die Eltern übertragen kann. Im daran anschließenden Kapitel »Essstörungen, Selbstverletzungen, Suizidgedanken« beschreibe ich zum einen, wohin Angst führen kann, und zum anderen, wie du dein Kind in dieser schweren Zeit unterstützen kannst.

Es ist nicht einfach, sicher und klar zu bleiben, wenn die Angst übernimmt. Aber das Familiensystem braucht starke Eltern, und deshalb habe ich ein Kapitel nur für euch Eltern geschrieben. Das Kapitel »Eltern, passt auf euch auf!« beschäftigt sich mit der Selbstfürsorge der Eltern sowie Stärkung des Elternteams und beschreibt die Entwicklung von Handlungsleitfäden in schwierigen Situationen. Der Leuchtturm oder beide Leuchttürme sollten darauf achten, dass es ihnen möglichst gut geht, dass sie präsent sein können und nicht in einer ohnmächtigen Haltung verharren. Und wenn du doch in die Ohnmacht gerätst, brauchst du eine Idee, wie du aus dieser wieder herauskommst. Wichtig ist: Ehrlichkeit und Transparenz helfen, in schwierigen Zeiten in Beziehung zu bleiben und deinen Hafen zu sichern.

Das Kapitel »Freunde sind ein Lebenselixier« beschreibt die wichtige Rolle von Freunden und Peergroups im Leben eines Teenagers. Freundschaften können sowohl belasten als auch entlasten. Hierzu beschreibe ich kleine Handlungsspielräume für Eltern in einer Welt, an der ihre Kinder sie nicht immer teilhaben lassen möchten. »Chancen und Gefahren der virtuellen Welt« möchte dir Möglichkeiten im Umgang mit deinem Pubertier und der digitalen Welt aufzeigen. Schließlich behandelt das Kapitel »Schule als Teil der Gemeinschaft« ein wichtiges Thema im Umgang mit depressiven Verstimmungen. Im letzten Kapitel beschreibe ich viele verschiedene Ursachen im Kontext Schule, aber ich erzähle auch – und das liegt mir besonders am Herzen – von vielen Lösungsansätzen, die Eltern und Schule gemeinsam angehen können.

Der Notfallkoffer

In diesem Buch erkläre ich nicht nur die Phänomene einer depressiven Verstimmung oder andere Symptome, die wie eine dunkle Wolke über Familien ziehen können, ich möchte dich auch darin bestärken, dich als Leuchtturm im Blick zu haben. Dazu brauchst du Informationen, Ideen für Helfernetze, verlässliche Strukturen und eine klare Haltung mit eigenen roten Linien. Ich bringe dir Therapieansätze näher, benenne typische Unsicherheiten und stelle Lösungsansätze vor, die deinen Hafen trotz der vielfältigen Herausforderungen sichern können.

In der Arbeit mit Depressionen, Verstimmungen, Ängsten und vielem mehr sammele ich gemeinsam mit den Betroffenen Tools, die in schwierigen Momenten helfen können. Das sind unter anderem Bilder, Postkarten, Gerüche und andere konkrete Hilfsmittel. Damit uns die vielen Ideen nicht verloren gehen, verankere ich gemeinsam mit den Betroffenen diese schönen Tools. Wir legen sie für den Notfall in einen Notfallkoffer. Dafür steht in meiner Praxis ein kleiner Notfallkoffer gut sichtbar im Regal. Wir legen die Tools imaginär in diesen Koffer und lassen uns überraschen, was herausspringt, wenn ein Tool benötigt wird.

Ich stelle euch im Buch viele kleine Tools vor, die ihr in der Familie ausprobieren könnt. Vielleicht findest du die eine oder andere Information so wichtig, dass sie in deinen Notfallkoffer gehört. Deshalb wird uns der Notfallkoffer als Toolbox über das ganze Buch hinweg begleiten, und ich biete dir immer wieder an, etwas in diesen Koffer zu legen. Du entscheidest am Ende, welche Information und welches Tool zu dir passen. Wenn du magst, stell dir einen eigenen Koffer gut sichtbar an einen geeigneten Platz und fülle ihn – auch gern gemeinsam mit deinem Kind oder deiner Familie. Lasst euch überraschen, was ihr in welcher Situation dann gebrauchen könnt.

Bevor es nun weitergeht, möchte ich auf zwei Formsachen hinweisen: Alle Fallbeschreibungen in diesem Buch erzählen von tatsächlich von mir begleiteten Therapieprozessen. Dieser Schatz von Gedanken, Tools und Lösungsansätzen ist von vielen verschiedenen Klienten und Klientinnen entwickelt worden. Besonders beeindruckend sind für mich immer wieder die Jugendlichen mit ihren klugen Fragen, Lebensweisheiten und ihrer Kraft, neue Wege zu gehen.

Für eine leichte Lesbarkeit wechsele ich immer wieder das grammatikalische Geschlecht und versuche dabei, ein Gleichgewicht zu halten. Natürlich sind immer alle Geschlechter gemeint.

Toolbox: Begriffe für starken Leuchtturm

» Präsenz und Selbstreflexion
» Orientierung
» Klarheit
» Beharrlichkeit
» Unterstützung
» Struktur bringt Sicherheit

Was ist eine Depression, und woran erkenne ich sie?

Die Frage, woran ich eine depressive Verstimmung oder Depression erkenne, ist nicht schnell und einfach zu beantworten. Jeder Heranwachsende zeigt andere Anzeichen. Besonders junge Menschen sind in der Lage, ihr Leid durch Anpassung zu verschleiern.

Es ist Winter, als ich die zwölfjährige Lana und ihre Mutter kennenlerne. Bei ihrem ersten Termin bei mir in der Praxis berichtet besonders die Mutter von ihren Sorgen um Lana. Darüber, wie ruhig sie geworden ist und dass sie immer wieder über Müdigkeit und Bauchschmerzen klagt. Lana erzählt sehr konzentriert, dass sie sich in der Schule zwar langweilt, aber gern hingeht, um ihre Freunde zu treffen. Sie erzählt auch von ihren Hobbys, wie wichtig ihr Musik ist, dass sie sich am Nachmittag aber kaum aufraffen kann. Der Grund ist für Lana offensichtlich. Es wird eben früh dunkel, das geht im Frühling vorbei.

Lana war als kleines Kind immer ein kleiner Sonnenschein. Sie lachte, sobald sie morgens die Augen öffnete. Sie hatte viele Freunde, und ihre Erzieher im Kindergarten lobten sie für ihre ausgeprägten sozialen Kompetenzen, klugen Einwände und ihr umfassendes Interesse an komplexen Themen.

Die Grundschulzeit verbindet Lana noch mit viel Spaß und engen Freundschaften. Doch dann beginnt der Übergang in die weiterführende Schule. Nach zwei Jahren Pandemie erlebt sie einen Schulwechsel ohne richtigen Abschied von der lieb gewonnenen Umgebung, die sie in den letzten Monaten fast nur noch aus der Distanz erlebt hat. Die neue Schule ist für sie eine fremde Umgebung mit völlig anderen Ansprüchen und Erwartungen. Ab jetzt sollen die Kinder reif für den »Ernst des Lebens« sein, mehr Selbstständigkeit zeigen und selbstverantwortlich und motiviert lernen.

Am Anfang siegt die Neugierde auf das Neue, und das Aufstehen am Morgen fällt ihr leicht. Hausaufgaben erledigt sie zuverlässig, sie sitzt immer pünktlich im Unterricht und stört nie. Zu Hause erzählt Lana, dass neue Freundschaften zu schließen gar nicht so leicht sei und ihre alten Freunde aus der Grundschule ihr sehr fehlten. Der Unterrichtsstoff hält keine Überraschungen für sie bereit, aber es ist okay. »Es ist okay, Mama«, wird für Lana der Standardsatz.

Dann wird Lana müde. Sie verpasst ihren Sport am Nachmittag und sagt ihre Verabredungen mit der besten Freundin ab. Bald klagt Lana jeden Morgen über Bauchschmerzen; es sind so starke Schmerzen, dass sie manchmal nicht in die Schule gehen kann. Das zieht sich über Wochen. Lana geht weiter in die Schule, fehlt immer mal wieder einen Tag in der Woche, doch das fällt niemandem auf. Denn Lanas Leistungen sind weiter ausgezeichnet. Doch die Müdigkeit wird immer größer. Lana geht direkt nach der Schule schlafen, steht abends kurz zum Essen auf, macht ihre Hausaufgaben und geht dann wieder ins Bett.

Ihre Eltern vermuten, dass Lana gerade einen Wachstumsschub hat und auch die Pubertät langsam den Hormonhaushalt ihrer Tochter herausfordert. Irgendwann kann Lana kaum noch aufrecht stehen. Sie sagt, ihre Beine könnten sie kaum noch tragen, ihre Batterie sei alle, sie fühle sich leer und kaputt.

Lanas Eltern sind alarmiert und suchen Rat beim Kinderarzt. Doch auch der Arzt findet keinen körperlichen Grund für die immer wiederkehrenden Bauch- und Kopfschmerzen. Im Zuge der Untersuchungen erwähnt Lana immer mal wieder, dass sie große Angst hat, dass etwas Schlimmes passieren könnte. Und sie glaubt, dass sie für diese Gedanken Hilfe benötigt. Das ist der Moment, in dem Lanas Mutter einen Termin bei mir in der Praxis vereinbart.

Wenn Kinder oder Jugendliche Symptome wie Kopf- oder Bauchschmerzen, Müdigkeit und Rückzug entwickeln, entsprechen die Erklärungen oder ersten Überlegungen für die ungewöhnlichen Symptome oft einer passenden Entwicklungsphase. Ab dem Alter von ungefähr zwölf Jahren kommt die Pubertät ins Spiel. In der Pubertät arbeitet der Körper auf Hochtouren, da können Symptome wie Kopf-, Bauch- und Gelenkschmerzen ihre Ursache in dieser Entwicklungsphase haben. Bei länger anhaltenden Symptomen können jedoch auch andere Ursachen verantwortlich sein. Es ist immer wichtig, schon frühzeitig genau hinzuschauen, Zeit, Sensibilität und Wissen aufzubringen, um die Beschwerden des Kindes nicht allein auf eine bestimmte Entwicklungsphase zu beziehen. Das ist deshalb so wichtig, weil eine mögliche depressive Verstimmung schnelles Handeln erfordert, um einer Chronifizierung entgegenzusteuern. Vor allem Kinder und Jugendliche haben eine hervorragende Chance, dass die depressive Stimmung überwunden werden kann, wenn sie rechtzeitig erkannt und behandelt wird.

Trotz alarmierend steigender Zahlen von depressiven Verstimmungen erlebe ich noch viel zu häufig, dass sich wenige Menschen trauen, über die eigene Depression zu sprechen. Noch schwieriger wird es, wenn es um die Depression des eigenen Kindes geht. Es ist ein schambehaftetes Thema, bei dem betroffene Familien manchmal glauben, dass sie selbst schuld sind, wenn ihnen oder ihrem Kind eine Depression »passiert«. Diese Scham führt dazu, dass die

Betroffenen oder ihr Umfeld die Symptomatik ignorieren. Die Pubertät ist da ein willkommenes Phänomen, mit dem sich Rückzug und Traurigkeit erklären lassen.

Um zwischen Pubertät und den damit zusammenhängenden Stimmungsschwankungen und einer Depression differenzieren zu können, schauen wir zuerst auf die Pubertät und wie bedeutsam sie für die Entwicklung vom Kind zum Erwachsenen ist.

Herausforderungen in der Pubertät

Die Pubertät gehört zu den bedeutendsten Entwicklungsphasen in unserem Leben. Und wir Eltern sind eigentlich Pubertätsexperten – denn wir sind alle durch diese hormonintensive Zeit gegangen. Mit dem Bewusstsein unseres Expertentums und der Lebenserfahrung, die wir besitzen, könnten wir unsere Kinder eigentlich klar und gelassen in dieser Zeit begleiten. Mir fällt jedoch immer wieder auf, mit wie viel Skepsis, Misstrauen und Angst Pubertät in vielen Familien thematisiert wird.

Die Pubertät steht für eine Zeit des inneren und äußeren Wandels. Der Körper verändert sich, aber auch Gefühle bekommen ein seltsames Eigenleben. Menschen, die immer nah waren, werden plötzlich kritisch betrachtet, und das Gefühl von stabiler und zuverlässiger Nähe kann in ein Gefühl von Distanz bis hin zu Befremdlichkeit oder gar Fremdheit umschlagen. Die vertraute Umgebung wird infrage gestellt und einer Inventur unterzogen. Eltern, Großeltern und vielleicht sogar Geschwister verlieren an Wichtigkeit. Der Fokus verschiebt sich auf Gleichaltrige, auf Leidensgenossen und -genossinnen, die genau die gleiche Gefühlsachterbahn erleben wie die Heranwachsenden selbst.

Dieser innere Wandel geschieht in einer Zeit, in der die Jugendlichen auch viel Veränderung in ihrem sozialen Umfeld erleben. Es ist die Zeit der Schulwechsel, neuer Herausforderungen im Lernkontext, neuer Freundschaften und erster Liebesgeschichten. Eine Zeit, in der Zukunftsvisionen Gestalt annehmen, Fragen zu Berufswunsch, Ausbildung oder Studium näher rücken. Es ist eine Zeit, in der Kinder sich abnabeln wollen und sollen, aber auch noch viel Orientierung und Begleitung brauchen.

In dieser anspruchsvollen Phase des Lebens sind Heranwachsende besonders vulnerabel. Mit der Veränderung des Körpers verändert sich auch das Körpergefühl. Plötzlich fühlt der eigene Körper sich fremd an und muss neu gefühlt und verstanden werden. Auch die Reaktionen von außen verändern sich drastisch. Von »was ist sie oder er süß« zu »ganz schön anstrengend« und vielem mehr. All das muss verkraftet werden. Mitunter kommt auch ein Stimmungstief dazu. Bei Mädchen schnell erkennbar, wenn die Menstruationsblutung ins Leben tritt. Viele erleben im Kontext des Zyklus Stimmungsschwankungen.

Aber auch für die Jungs hält diese neue Welt schwierige Überraschungen bereit. Konkurrenz unter Kumpels, der Kleinste unter Hochgeschossenen zu sein oder die eigene Stimme, die noch piepsig klingt, wenn sie bei den anderen schon einige Oktaven tiefer geworden ist.

Um sich und seine Persönlichkeit zu formen, braucht es den Vergleich mit den anderen der eigenen Peergroup sowie die Abenteuer, die die Jugendlichen gemeinsam erleben. Hier machen Heranwachsende wichtige Entwicklungsschritte, erleben Erfolge und Misserfolge, lernen, im Umgang miteinander für sich einzustehen, Konflikte zu lösen, Kompromisse auszuhandeln und erfahren, wie sie selbstwirksam Herausforderungen meistern können. Ihre Werte formen sich.

In diese Zeit gehört auch, dass die Jugendlichen sich zurückziehen. Sie erzählen weniger von ihrem Tag, selbstverständlich gewordene Hobbys und lieb gewonnene Gewohnheiten verlieren ihren

Reiz. Und egal wie schlecht gelaunt und wortkarg die Kids gerade noch am Tisch beim Abendessen sitzen, so können sie anschließend stundenlang mit ihren Freunden quatschen und lachen. Das ist der Moment, der für Eltern oft schwierig wird: Gerade war der Sohn oder die Tochter noch so nah und kuschelig, plötzlich stehen wir nicht mehr hoch im Kurs, und die Reaktion auf einen Annäherungsversuch wird kratzbürstig, zickig und ungehalten pariert. Das nimmt fast jeder erst einmal persönlich. Das musst du aber nicht! Sobald du merkst, dass dein Kind sich in ein hormongesteuertes Wesen verwandelt, feiere es wie den ersten Milchzahn. Denn es bedeutet zunächst einmal, dass dein Kind sich gesund entwickelt.

Die Pubertät ist die Zeit, in der unsere Kinder sich langsam abnabeln sollen. Sie sollen verstärkt ihre eigenen Erfahrungen machen, sich ausprobieren und uns immer mehr infrage stellen. In diesem Prozess geraten wir Eltern immer öfter mit unseren Kindern aneinander. Manche Kinder werden dabei sehr laut und aggressiv. Diese impulsive und lautstarke, manchmal aber auch schweigende Abgrenzung löst bei Eltern auch Ängste aus. Vielen Jugendlichen fällt es schwer, zwischen wichtig und unwichtig, richtig oder falsch, gewaltfrei oder gewalttätig, interessant oder uninteressant zu unterscheiden. Aus Angst, ihr Kind zu verlieren, beginnen einige Eltern, den Konflikt mit ihrem Teenager zu vermeiden.

Das bedeutet oft einen gewissen Rückzug voneinander. Richtig ist, dass Jugendliche Privatsphäre brauchen. Wenn du dich selbst zurückziehst, handelst du also entsprechend der Entwicklungsphase deines Kindes, es braucht seine Ruhe. Gleichzeitig passiert es schnell, dass du dich immer wieder wegschicken lässt und dabei den Kontakt verlierst. Das muss nicht sein. Denn es ist wichtig, in Beziehung zu bleiben.

Mit Beginn der Pubertät ist unser Einfluss auf junge Heranwachsende nicht vorbei. Jedes Beziehungsangebot, das ein Mensch in seinem Leben bekommt, prägt ihn. Das heißt, auch wenn ich glaube, dass mein Kind mich nicht mehr braucht, kann ich immer wieder in Beziehung gehen. Zeigen, dass ich für sie oder ihn da bin. Je beharrlicher ich das mache, desto deutlicher spürt mein Kind meine Präsenz und kann das Beziehungsangebot annehmen. Besonders in Krisenzeiten erleben Eltern, wie heilsam und hilfreich das sein kann. Denn jetzt beginnt die vielleicht herausforderndste Phase im Leben deines Kindes und bei dir. Du musst immer wieder ein Gleichgewicht finden, loszulassen und trotzdem in Kontakt zu bleiben. Denn nur durch deine regelmäßige Präsenz im Leben deines Kindes kannst du erkennen, wenn es in Schwierigkeiten gerät.

Toolbox: Wenn das Kind sich zurückzieht

- Die Pubertät ist ein wichtiger Entwicklungsschritt.
- Rückzug und schlechte Laune gehören dazu, aber nur in Maßen.
- Bleib in Beziehung und finde ein Gleichgewicht zwischen Loslassen und Im-Kontakt-bleiben.
- Du bist der Experte deines Kindes, deshalb hör auf dein Bauchgefühl.
- Schnelle Hilfe verhindert die Chronifizierung von depressiven Verstimmungen.
- Deine regelmäßige Präsenz ermöglicht dir, rechtzeitig Schwierigkeiten zu erkennen.

Im Pubertätsalltag wünschen sich unsere Teenagerkinder einerseits Freiheit, doch andererseits sehnen sie sich auch nach der mütterlichen oder väterlichen Umarmung. Sie sind nicht Fisch und nicht

Fleisch. So ambivalent durch die Welt zu gehen, ist vor allem für unsere Kinder anstrengend. Unsere Aufgabe als Eltern ist es, mit unserer Erfahrung und unserem Vorwissen unseren Kindern diese Ambivalenz zu erklären und sie zuzulassen. Die Jugendlichen nicht nur in ihrem Freiheitsdrang zu unterstützen, sondern sie bei Bedarf in den Arm zu nehmen und Zeit mit ihnen zu verbringen. Denn die Verarbeitung dieser vielen neuen Eindrücke und Erfahrungen kann überfordern und unter anderem zu Rückzug, Angst oder Aggression führen. Strukturen, verlässliche Grenzen und klare Aussagen dämmen die überbordenden Eindrücke und Emotionen ein.

Im Gespräch miteinander bleiben

In dieser Phase braucht es viel Zeit für inhaltsvolle Gespräche. Weg vom Abfragen, wie der Tag war, ob gegessen wurde und wie die Mathematikarbeit ausgefallen ist. Hin zu Gesprächen über Themen, die mich oder mein Kind gerade beschäftigen. Moralische und ethische Fragen bekommen in dieser Lebensphase eine große Bedeutung. Und über diese Gespräche kannst du deine Werte und die damit verbundenen eigenen Grenzen kommunizieren. Während der Pubertät verlieren wir Eltern den »Heldenstatus«. Durch unser Handeln können wir aber Leuchttürme bleiben. So kann sich die Qualität der Gespräche verändern. Grenzen und Regeln werden viel mehr hinterfragt, Teenagerkinder wollen diese verstehen. Wir Eltern wiederum wissen ja, was wir wollen, und können die Gründe für unsere Regeln erklären. Wir können zunehmend mehr von uns und unseren Gedanken erzählen und dabei in den Austausch mit unseren Kindern gehen. Damit laden wir sie ein, ihre Gedankenwelt mit uns zu teilen und sie mit unserer eigenen zu vergleichen. Wenn wir glauben, unsere Kinder interessieren sich ohnehin nicht mehr für das, was wir denken und meinen, dann geben wir sie auf. Wir schicken sie zu früh in die Selbstständigkeit und verursachen Frust und Überforderung bei unseren jugendlichen Kindern.

Die Möglichkeit von Gesprächsangeboten kann vielfältig sein. Zum einen können das ritualisierte Familienessen am Abend oder Familienfrühstücke am Wochenende sein. Hierbei ist es wichtig, dass Eltern sich auf diese Rituale auch wirklich einlassen. Nehmt euch Zeit, einigt euch auf eine handyfreie Zeit und nehmt auch selbst keine Telefonate an. Gemeinsam vorbereitete Familienessen eröffnen eine angenehme Atmosphäre, und jeder kann sich eingeladen fühlen, von sich zu erzählen. Dabei rate ich vom üblichen »Elternverhör« ab. Klassisches Abfragen von »Wie war es in der Schule?«, »Hast du gegessen?« und »Hattest du einen schönen Tag?« hat oft einsilbige Antworten bis Schweigen zur Folge.

Erzähle von deinem Tag, welche Gedanken dich beschäftigen oder auch, wie du dich gerade fühlst. Je authentischer Eltern von sich und ihrer Gefühlswelt erzählen können, desto eher werden sie als verlässliche Gesprächspartner wahrgenommen, und die Jugendlichen teilen ihre Gedanken. Konzentriere dich auf dein Kind, wenn es dir etwas erzählt. Zeige Interesse an den Erlebnissen deines Kindes – auch wenn manche Themen dir fremd vorkommen oder nicht in dein Wertesystem passen. Bleibe dran und frag nach, äußere hin und wieder deine Meinung. Jugendliche genießen diese Gespräche, sie können daran wachsen und fühlen sich gesehen. Zum anderen können auch ungewöhnliche Methoden wie die Demonstration von Präsenz bei Rückzug wirken, wie es zum Beispiel bei Lana und ihrer Mutter war:

Lana verzieht sich nach der Schule meist direkt in ihr Zimmer und lässt sich dann kaum noch blicken. Wenn ihre Mutter nach ihr ruft, kommt schnell eine grummelige Antwort wie »Komme gleich!« Statt einige Minuten später ungeduldig noch einmal zu rufen, geht Lanas Mutter ins Kinderzimmer, setzt sich aufs Bett ihrer Tochter und sagt zunächst nur »Hallo, wie geht es dir?« Lana reagiert zuerst etwas genervt und schaut weiter in ihr Handy. Lanas Mutter reagiert gelassen und bittet ihre Tochter nicht, das Handy zur Seite zu legen. Stattdessen erzählt sie ein wenig von ihrem Tag und fragt, was Lana gerade macht. Lana gibt ihr in den ersten Minuten nur kurze Antworten. Lanas Mutter bleibt sitzen, hält die Stille aus. Sie demonstriert damit ohne viele Worte ihre Präsenz und signalisiert ihrer Tochter, dass sie sich nicht wegschicken lässt und weiter Interesse an ihr zeigt. Da legt Lana das Handy zur Seite und beginnt ein Gespräch mit ihrer Mutter. Die Besuche in Lanas Zimmer werden zu einem regelmäßigen Ritual.

Gerade weil in dieser empfindlichen Zeit der Pubertät die Übergänge von natürlicher Entwicklung und beginnenden Problemen fließend sind, braucht es ein regelmäßiges »Check-in« zwischen Eltern und Kind. Es ist wichtig zu wissen, dass wertschätzende Kommunikation dabei hilft, den Übergang von Pubertäts- zu depressiven Symptomen bei deinem Kind zu erkennen.

Ja, die Eltern-Kind-Beziehung beginnt sich zu verändern, und es hilft ein genaues Verständnis dafür, was die Kids tatsächlich beschäftigt und was sie womöglich brauchen. Schlafen sie weniger, weil sie sich über so vieles Gedanken machen? Wie ist ihr Schlafrhythmus? Haben sie Sorgen, Leistungsdruck, Ärger mit Freunden? Mit wem sind sie in Kontakt? Gibt es Streit in den Chatgruppen? Machen sie ihre Hausaufgaben? Spielen sie online, weil draußen keiner auf sie wartet oder Hinausgehen zu viel Kraft kostet?

Spätes Schlafengehen, steigender Medienkonsum und Rückzug gelten als typisch für die Pubertät und sind prädestiniert für Streitsituationen zwischen Eltern und Kindern: »Du schläfst zu wenig, kein Wunder, dass du morgens schlecht gelaunt bist!« Oder: »Nie bist du ansprechbar, immer hängst du am Handy! Du triffst keine Freunde, weil du nur Spiele spielst, was ist das für eine Welt, in der du lebst?« Oder auch: »Geh doch mal raus an die frische Luft, immer hängst du nur zu Hause herum.« Mit dieser Art von Kommunikation entfernen wir uns voneinander.

Die besonderen Herausforderungen einer Depression

In der Vergangenheit konzentrierte sich die Diagnostik bei Depressionen vor allem auf die biologischen Veranlagungen. Die Wissenschaft ging davon aus, dass niemand Einfluss auf die Entwicklung der Depression hat beziehungsweise, dass es sich um eine Dysbalance der Hormone im Gehirn handelt, die nur medikamentös behandelt werden kann.

Doch die Forschung hat in den letzten Jahren neue Erkenntnisse dazugewonnen, und die aktuellen Krisen und die daraus hervorgegangenen Depressionen und Ängste belegen, dass unser Umfeld einen großen Einfluss auf unsere mentale Gesundheit hat. Die Wissenschaft spricht hier von multifaktoriellen Einflüssen, die eine Depression begünstigen. Damit sind biologische, soziale und psychische Faktoren gemeint. Der biologische Faktor bezieht sich auf eine familiäre Veranlagung, die sozialen Faktoren betrachten das soziale Umfeld, und die psychischen Faktoren beinhalten sogenannte Lebensereignisse wie den Tod einer nahestehenden Person, Missbrauchserfahrungen und vieles mehr.

Heute ist klar, es gibt viele Faktoren, die eine Depression begünstigen, und trotzdem fehlen der Wissenschaft noch viele Antworten auf die Fragen, warum eine Depression sich entwickelt und welche Behandlungen in welcher Form wirken. Manchmal gibt es offensichtliche Auslöser wie die Scheidung der Eltern oder eine Pandemie. Und manches Mal gibt es Fälle, in denen kein offensichtlicher Auslöser erkennbar ist.

Prof. Dr. Tom Bschor, Facharzt für Psychiatrie und Psychotherapie, erklärte 2022 im Podcast »Krautsalat«, dass es viele Faktoren gibt, die eine Depression auslösen *können*, aber nicht zwingend auslösen müssen. Oft wünschen sich die Betroffenen eine eindeutige Erklärung, um besser ins Handeln kommen zu können. Viele hoffen auf ein Medikament oder einen Therapieansatz, der schnell zur Genesung führt. Betroffene reagieren auf die existierenden Therapieansätze unterschiedlich. Bei Kopfschmerzen hilft im Allgemeinen Paracetamol oder Ibuprofen. Bei einer depressiven Verstimmung braucht es eine individuelle Abstimmung von verschiedenen Hilfsmöglichkeiten, die im Zusammenspiel helfen können. Doch so leicht macht die Depression es uns nicht. Sie bringt uns in eine Ohnmacht, die wir am ehesten mithilfe von Werten, Regeln und Struktur überwinden können. Hierbei ist es interessant zu sehen, dass manche Studien vermuten, dass religiöse Menschen weniger unter Depressionen leiden, weil sie durch den Glauben Kraft und Orientierung finden.[5]

Eine Depression fordert die Beziehung zwischen Teenagern und Eltern immer wieder heraus. Dabei ist es wichtig, dass Eltern beharrlich sind, um im Kontakt mit ihren jugendlichen Kindern zu bleiben. Wenn du die Depression als Krankheit verstehst, dann sagt dir dein Selbstverständnis für Krankheiten vielleicht, dass es eines Medikaments oder etwas Sports bedarf, um wieder gesund zu werden. Dass Sport und manchmal auch Medikamente helfen, steht außer Frage – aber es reicht für den Therapieprozess allein nicht aus. Es braucht eine Beziehung, die viel aushält und viel Kraft und Geduld einfordert.

Ein natürlicher Impuls ist sicher, deinem Kind zu sagen: »Geh joggen, beweg dich. Du musst dich nur aufraffen!« Doch das Kind bleibt im Bett, der Frust wird größer, und die Familie driftet immer weiter auseinander. Du kannst aber auch dein Kind an die Hand nehmen, jeden Tag um die gleiche Uhrzeit an seinem Bett stehen und es zum Joggen auffordern. Du handelst aus, wie viel heute möglich ist. Heute fünf und morgen zehn Minuten. Und du bleibst im Zimmer stehen, wie ein Leuchtturm, bis dein Teenager aufsteht. Um so viel Stärke als Leuchtturm zu zeigen, Präsenz, Orientierung und Beharrlichkeit zu vermitteln, kann dir die Kraft der Gemeinschaft helfen, die Kraft der Menschen, die uns am nächsten stehen, denen wir vertrauen und die uns lieben.

Diagnostische Merkmale

Es ist eine große Herausforderung, den Unterschied zwischen Stimmungsschwankungen beziehungsweise negativen Gefühlen und einer depressiven Verstimmung bei Teenagern festzustellen, da vorübergehende Stimmungsschwankungen, Gereiztheit und andere depressive Symptome auch Teil der Pubertät sind. Es ist aber sinnvoll und wichtig, eine depressive Verstimmung rechtzeitig festzustellen. Therapeutische Unterstützung und alltagstaugliche Interventionen können womöglich der Manifestierung von Symptomen und somit einer Depression entgegenwirken.

Wut, Trauer und Frust dürfen natürlich sein, und wir brauchen sie, um negative Erlebnisse zu überwinden. Deshalb berücksichtigt die Diagnostik die Dauer von negativen Gefühlen. Wenn diese negativen Gefühle immer intensiver werden und sogar den Alltag beeinflussen, können wir von einer depressiven Verstimmung sprechen. Der Unterschied zwischen einer depressiven Verstimmung und einer Depression wird an der Dauer und der Schwere der Symptome festgemacht.

Eine Möglichkeit, wie wir eine depressive Verstimmung erkennen können, ist der klassische Weg über die Diagnosekriterien von ärztlichem Fachpersonal. Im Folgenden werde ich aber auch die Gefühlswelt hinter diesen Symptomen vorstellen.

Depressive Symptome bzw. eine Depression werden durch Fachärzte und Psychologen mithilfe von Diagnosekriterien erkannt. Dabei richten sie sich nach einer internationalen statistischen Klassifikation der Krankheiten und verwandter Gesundheitsprobleme, der ICD-10. Depressive Symptomatik kann unterschiedlich schwer eingestuft werden, die ICD-10 spricht von einer leichten, mittelgradigen oder schweren depressiven Episode. Halten die Symptome mindestens zwei Jahre an, spricht man von einer rezidivierenden depressiven Störung oder einer chronisch depressiven Stimmung.

Zwar verändert sich während der Pubertät das Verhalten generell, doch wenn sich viele Lebensbereiche deines Kindes gleichzeitig auffällig stark verändern, wie beispielsweise sein Schlafrhythmus, es sich von Eltern und Freunden zurückzieht, keinen Hobbys mehr nachgeht und ein starker Anstieg vom Medienkonsum zu beobachten ist, lohnt es sich, genauer hinzuschauen.

Wenn mindestens zwei der folgenden Symptome mindestens zwei Wochen lang anhalten, kann von einer depressiven Verstimmung gesprochen werden.

1. drückende Stimmung, in einem ungewöhnlichen Ausmaß, die meiste Zeit des Tages, fast jeden Tag
2. Interessen- und Freudverlust an Aktivitäten, die zuvor Spaß gemacht haben
3. verminderter Antrieb oder gesteigerte Ermüdbarkeit

Noch deutlicher erkennbar kann eine depressive Verstimmung durch ein schlechtes Selbstbild sein, also sich wertlos zu fühlen, keine Zukunftsperspektiven zu haben oder auch schwerfällig in Entscheidungen zu sein. Du bemerkst vielleicht eine Hoffnungslosigkeit, die du bei deinem Kind vorher so noch nicht kanntest.

Beständiges Grübeln, trübe Gedanken beziehungsweise das Gefühl, ich komme aus der Gedankenspirale nicht mehr heraus, und auch körperliche Anstrengungen sind nicht mehr leistbar, der Sportunterricht ist zu anstrengend, morgens aufzustehen und zur Schule zu gehen ist eine große Herausforderung – bei all diesen Symptomen braucht es eine schnelle Abklärung.

Je nach Ausprägung der depressiven Episode – also leicht, mittelgradig oder schwer – liegt eine bestimmte Anzahl dieser Symptome vor:

» Verlust des Selbstvertrauens oder des Selbstwertgefühls
» unbegründete Selbstvorwürfe oder Schuldgefühle
» wiederkehrende Gedanken an den Tod, Suizid oder suizidales Verhalten
» Klagen über oder Nachweis eines verminderten Denk- oder Konzentrationsvermögens, Aufmerksamkeitsprobleme oder Unentschlossenheit
» psychomotorische Agitiertheit (d. h. eine ständige Unruhe) oder Hemmung
» Schlafstörungen
» Appetitverlust oder gesteigerter Appetit mit entsprechender Gewichtsveränderung

Weitere Symptome können eine Rolle spielen. Dabei gibt es Unterschiede zwischen dem Kindesalter und Jugendlichen. Im Kindesalter können folgende Symptome beobachtet werden:

» Gereiztheit und schnelle Stimmungswechsel
» Traurigkeit
» Zurückgezogenheit
» Schmerzen wie Bauch- und Kopfschmerzen
» Wutanfälle

- Angst vor dem Tod
- Langeweile und Müdigkeit

Im Jugendalter können noch weitere Symptome dazukommen:

- Leistungsabfall
- Verschiebung des Tag-Nacht-Rhythmus
- vermehrter Alkohol-/Substanzkonsum
- selbstverletzendes Verhalten
- sozialer Rückzug
- Gereiztheit
- suizidale Gedanken und Handlungen

Eine länger anhaltende emotionale Niedergeschlagenheit, Hoffnungslosigkeit, Traurigkeit oder Perspektivlosigkeit, reduzierte Fähigkeit, Freude und Interesse zu empfinden, sowie ein verminderter Antrieb und eine schnellere Ermüdbarkeit sind also typisch für eine depressive Verstimmung.

Wenn wir vor besonderen Herausforderungen stehen, kann jeder von uns den einen oder anderen dieser Aspekte allein erleben. Um aber eine Depression festzustellen, kommt es auf das Zusammenspiel der Aspekte an:

- Mehrere Symptome liegen gleichzeitig vor.
- Diese Symptome erreichen eine bestimmte Intensität.
- Sie dauern über eine gewisse Zeit an (mindestens wenige Wochen).
- Symptome führen im Leben der Betroffenen zu Beeinträchtigung oder Leiden.[6]

Es kann hilfreich sein, bei Jugendlichen einen Blick auf das Kindesalter zu werfen. Viele Jugendliche mit depressiven Symptomen haben auch als Kinder schon über Ängste, Bauchschmerzen, Wut und anderes geklagt. Mit diesen Informationen kann man rückblickend das Bild der Diagnostik vervollständigen. In jungen Jahren werden diese Symptome oft nicht als Problem wahrgenommen, leicht mit der Fantasiewelt des Kindes oder auch einer Entwicklungsphase erklärt. Die Tatsache, dass Kinder schon früh eine depressive Verstimmung oder Angststörungen entwickeln können, ist bislang nicht ausreichend erforscht.

Es gibt Studien, die feststellen, dass mehr Mädchen als Jungen im Laufe der Pubertät oder später eine Depression entwickeln. Ich erlebe bei meiner Arbeit mit Jugendlichen, dass Jungen ihre Hoffnungslosigkeit oder Frustration oft anders zum Ausdruck bringen als Mädchen. Sie sind eher unkonzentriert, wütend oder schließen sich stundenlang in ihrem Zimmer ein, spielen an der Konsole und reden fast gar nicht. Mädchen sprechen mit Freunden und Freundinnen eher offen über ihren emotionalen Zustand, während Jungen ihre Probleme vielfach mit sich allein ausmachen.

Die Auflistung der Symptome oben soll dir dabei helfen, bewusster auf dein Kind zu schauen und differenzierter zwischen Pubertät und Depression unterscheiden zu können. Verstehe dich nicht als Diagnostiker deines eigenen Kindes. Solltest du den Eindruck haben, dass dein Kind unter mehr als rein pubertären Stimmungsschwankungen leidet, dann suche dir unbedingt professionelle Hilfe. Schnelles Handeln ist auch deshalb empfohlen, weil du mit langen Wartezeiten zur Abklärung rechnen musst. Leider stehen dem hohen Bedarf an Diagnostik und Unterstützung zu wenige therapeutische Angebote gegenüber.

Du brauchst zum einen eine professionelle Einschätzung zur Situation deines Kindes, damit ihm schnell geholfen werden kann. Zum anderen ist die Diagnostik auch für dich als Leuchtturm entscheidend, um klar und präsent zu bleiben. Wenn du zum Beispiel jeden Morgen dein Kind mit Bauchschmerzen im Bett vorfindest und du absolut sicher sein kannst, dass kein Blinddarmdurchbruch vorliegt (denn das hat der Arzt schon ausschließen können), dann kannst du mit dieser Sicherheit entscheiden, dass der Schulbesuch richtig und wichtig für dein Kind ist.

Du wirst weiter unten noch mehr Fallgeschichten finden, die verschiedene Symptome einer depressiven Stimmung oder Depression beschreiben. Außerdem stelle ich dir Perspektiven und Tools vor, die dir helfen können, sicher zu handeln.

Doch zunächst geht es im nächsten Kapitel um die Frage, wer euch und eurem Kind helfen kann. Sei darauf gefasst, dass Diagnose und Therapie einen erheblichen Teil des Familienalltags einnehmen werden. Es ist ein Weg, den Familien gemeinsam gehen, ihre betroffenen Kinder dabei in die Mitte nehmen und miteinander im Gespräch bleiben müssen. Jeder Termin ist ein Schritt in die Richtung eines Familienlebens ohne Depressionswolke.

Dabei mache ich die besten Erfahrungen mit den Ärzten und Ärztinnen sowie Therapeutinnen und Therapeuten, die im Austausch mit allen beteiligten Unterstützern bleiben und das ganze Bild im Blick behalten. Die Ärzte sind für die Abklärung der Symptome in ihrem Fachgebiet verantwortlich. Sie schreiben Befundberichte, beraten und sind gute Vermittler zwischen Familie und Schule. Denn sie sind die Autoritäten, wenn dein Kind eine Krankschreibung oder aber auch die Kooperation der Schule benötigt. Für manche Schüler und Schülerinnen können die Reduktion von Unterricht, ein Jokertag oder ein besonderer Sitzplatz hilfreich sein. Dabei kann eine Kinder- und Jugendpsychiaterin mit ihrer Fachkompetenz wirkungsvoll zwischen Schule und Familie vermitteln und aufklären.

Toolbox: Rituale

Rituale sorgen für einen sicheren Rahmen und können gut im Alltag verankert werden:

Regelmäßige Gespräche, z. B. ritualisierte Familienessen:

- » feste, handyfreie Essenszeiten
- » Erzähle ausführlich von deinem Alltag und höre deinem Kind gut zu und frage auch nach.
- » Verhandelt hier Werte, Regeln und Strukturen.

Bei Rückzug deines Kindes:

- » Besuche dein Kind dann regelmäßig im Zimmer.
- » Bringe Kekse/Kuchen und Getränke mit, das macht deinen Besuch gemütlicher.
- » Bleib ein paar Minuten und erzähle von dir.
- » Bleib dabei präsent und nimm die abweisende Haltung deines Kindes nicht persönlich.

Einschlafprobleme sind typische Herausforderungen bei depressiven Verstimmungen.

- » Schlafgeh-Zeiten gemeinsam prüfen und festlegen.
- » Das Smartphone eine Stunde vor dem Schlafengehen ausschalten.
- » Das Smartphone nachts nicht im Zimmer lassen. Kaufe stattdessen einen analogen Wecker! .
- » Ein warmes Getränk am Abend kann beruhigen.
- » Bei nächtlicher Unruhe ist es besser, einmal richtig aufzustehen, vielleicht etwas zu trinken und dann wieder zurück ins Bett zu gehen.

Dein professionelles Helfernetz

Oft herrscht Verwirrung, an wen sich Familien bei einer psychischen Belastung ihres Kindes wenden sollen. Ich teile an dieser Stelle einen Wegweiser, mit dem ich gute Erfahrungen gemacht habe.

Kinderärzte und andere Fachrichtungen

Zuerst empfehle ich immer einen Besuch beim Kinderarzt. Der Kinderarzt kennt dein Kind über viele Jahre und begleitet euch bei allen wichtigen Entwicklungsschritten. Zuerst sollte er oder sie alle möglichen körperlichen Erkrankungen ausschließen, denn depressive Symptome können auch Anzeichen von körperlichen Krankheiten sein. Eisenmangel kann zum Beispiel depressive Symptome wie anhaltende Müdigkeit auslösen. Deshalb können Blutuntersuchungen unter anderem eine Anämie (Eisenmangel), einen Infekt oder einen Entzündungsherd ausschließen. Außerdem braucht es Klarheit darüber, dass zum Beispiel Bauch- und Kopfschmerzen keinen organischen Hintergrund haben. Der Kinderarzt kann hier an den Neurologen und die Gastroenterologin überweisen. Der Neurologe kann unter anderem eine Migräne, neurologisch bedingte Erkrankungen oder auch bösartige Erkrankungen im Gehirn ausschließen. Die Gastroenterologin kann unter anderem wichtige Informationen zum Darm feststellen. Immer mehr Studien stellen einen Zusammenhang zwischen der Darmflora und unserem körperlichen, aber auch mentalen Wohlbefinden her.

Auch ein Besuch bei der Gynäkologin kann hilfreich sein. Viele heranwachsende Mädchen klagen über starke Stimmungsschwankungen vor und während ihrer Periode. Die Antibabypille, wie wohl die meisten Medikamente, ist bei Eltern oft umstritten. Viele sehen in der Antibabypille nur den Sinn der Verhütung und möchten die Einnahme so lange wie möglich hinauszögern, vor allem wenn es scheinbar noch keinen Anlass für ihre Einnahme gibt. Doch die Antibabypille kann auch ein Therapieansatz für die Eindämmung von PMS-Symptomen (Prämenstruelles Syndrom) sein. Es gibt Mädchen, die unter sehr starken hormonellen Schwankungen in ihrem Zyklus leiden. Leider werden sie selten in ihrem Leid gehört. Und doch wissen die Mädchen ziemlich genau, was sie spüren und ob sie bestimmte Therapieansätze versuchen wollen. Hier sind umfassende Aufklärungsgespräche mit der Fachärztin sinnvoll. Einige dieser Therapieansätze stehen nicht in den medizinischen Leitlinien, manches ist mit wissenschaftlichen Studien bis jetzt nicht belegt, doch Fachärzte empfehlen hier, besonders auf das Körpergefühl der jungen Frauen zu hören und zu vertrauen. Das Körpergefühl ist ein entscheidendes Thema in der Pubertät, und es ist eine wertvolle Erfahrung, wenn junge Frauen und Mädchen erleben, dass sie in ihrem Gefühl ernst genommen werden und über den Therapieansatz mitentscheiden dürfen. Manche Mädchen setzen die Pille auch wieder ab, weil sie emotionale Stimmungsschwankungen erleben wollen und sie vermissen.

Wenn organische Ursachen ausgeschlossen werden konnten, überweist der Kinderarzt an die nächste ärztliche Fachrichtung, den Kinder- und Jugendpsychiater.

Kinder- und Jugendpsychiater

Die Diagnostik der Kinder- und Jugendpsychiater ist aufwendig und nimmt viel Zeit in Anspruch. Zum einen werden Gespräche mit dem betroffenen Jugendlichen und den Eltern geführt, zum anderen bewerten Eltern, Lehrer oder andere Bezugspersonen mithilfe von Fragebögen die Verfassung des Heranwachsenden. Die vielen unterschiedlichen Ergebnisse werden dann zu einem Diagnosebild zusammengefasst. Die Kinder- und Jugendpsychiater stellen entsprechend der Diagnostikergebnisse fest, ob eine depressive Verstimmung oder Depression vorliegt, und wenn ja, welche Therapie zu empfehlen ist. Sie klären ausführlich über die Diagnose auf – auch Psychoedukation genannt. Hier erfährst du, was dein Kind hat und welche Auswirkungen die Diagnose auf dein Kind, die Familie und andere Bereiche wie Schule haben kann. Du bekommst Empfehlungen, wie ihr mit der Diagnose und dem daraus resultierenden Verhalten in Zukunft umgehen solltet. Hier kannst du auch deine Ängste und Sorgen ansprechen. Dieses Gespräch ist deshalb so wichtig, weil es dir Sicherheit geben soll, wie du in Zukunft mit deinem Kind und der depressiven Verstimmung oder Depression umgehen solltest. Manche Kinder- und Jugendpsychiater haben auch eine zusätzliche Ausbildung zum Psychotherapeuten und bieten Psychotherapie bei sich in der Praxis an.

Doch in der Regel trefft ihr die Kinder- und Jugendpsychiater nur für die Diagnostik und Aufklärung. Sie bleiben besonders dann Teil des Helfernetzes, wenn etwa auch Medikamente nötig sind oder ein Klinikaufenthalt ansteht.

Medikamente

Viele Familien, mit denen ich spreche, haben eine skeptische bis ablehnende Haltung gegenüber Medikamenten. Eine gute Aufklärung und Vertrauen ins Helfernetz sind hier hilfreich. Bei vielen depressiven Symptomen helfen wertschätzende und verständnisvolle Gespräche zur Situation und das Erleben von verlässlichen und positiven Beziehungen; sie können die Betroffenen aus der Krise begleiten. Doch manchmal begegnen wir Depressionen, die sich nicht ausschließlich mit Psychotherapie therapieren lassen. Manchmal sind die Symptome so ausgeprägt, die Jugendlichen so stark antriebslos, dass ein Medikament – ein sogenanntes Antidepressivum – auch in kleinen Dosierungen helfen kann, sie zu aktivieren. Auch stark einschränkende somatische Beschwerden, wie Bauchschmerzen und starke Kopfschmerzen, die keine organischen Ursachen haben, oder lebensmüde Gedanken können Gründe für eine Antidepressivagabe sein. Medikamente werden nicht als Einzellösung für Depressionen betrachtet, sondern *nur* zur Ergänzung zur Psychotherapie verordnet.

Hier noch einmal eine Auflistung der Indikationen, die für eine medikamentöse Therapie sprechen können:[7]

» hoher bis mittlerer Schweregrad der Störung
» starke Alltagsbeeinträchtigung
» erhöhtes Suizidrisiko
» psychotische Symptome (wie zum Beispiel Denkstörungen, veränderte Sinneswahrnehmung oder Halluzinationen)
» somatische Syndrome oder melancholische Merkmale (wie Traurigkeit und Schwermut)
» unzureichender Erfolg psychotherapeutischer Maßnahmen

Die Medikamentenwahl erfolgt immer in enger Absprache mit den zuständigen Ärzten und Therapeuten. Nur Fachärzte dürfen Medikamente verschreiben. Erfahrene Therapeuten können die Situation ihrer Klienten so weit abschätzen, dass sie Medikamente empfehlen oder bei Einnahme von Antidepressiva regelmäßig das Wohlbefinden abfragen und im optimalen Fall dem Facharzt die eigenen Beobachtungen rückmelden. Die Wirkung von Antidepressiva ist besonders bei jungen Menschen individuell. Bei dem einen können die

Antidepressiva die Stimmung aufhellen, bei der anderen aber auch das Stimmungstief verstärken.

Auch der Haus- oder Kinderarzt darf Antidepressiva verschreiben, aber es ist zu empfehlen, sich an eine Fachärztin für Kinder- und Jugendpsychiatrie zu wenden. Diese Fachgruppe ist zum einen dafür ausgebildet und zum anderen immer auf dem neuesten wissenschaftlichen Stand in Bezug auf Medikamente und ihre Wirkung und Wechselwirkung mit anderen Medikamenten.

Psychiatrische Klinik

Sollten die Psychotherapie und Medikamenteneinnahme den Zustand des Jugendlichen oder der Jugendlichen nicht maßgeblich verändern, kann auch ein Klinikaufenthalt hilfreich sein. Dabei unterscheiden wir zwischen einer Tagesklinik und einem stationären Aufenthalt.

Die Tagesklinik bietet einen strukturierten Tag an, der oftmals zu Hause nicht mehr durchsetzbar ist. Kinder und Jugendliche wohnen weiter zu Hause und müssen jeden Tag anstatt in die Schule zur Tagesklinik gehen. Für einen stationären Aufenthalt entscheiden sich Ärztinnen, Therapeuten und Familien vor allem dann, wenn auch das morgendliche Aufstehen und Wahrnehmen von Terminen nicht mehr möglich ist. Das klingt für Eltern zunächst oft bedrohlich, und auch die Teenager bekommen Angst vor dem Ungewissen. Auch diese Momente zeigen wieder, wie wichtig das Vertrauen in das professionelle Helfernetz, bestehend aus der ambulanten Ärzteschaft, Therapeuten und Therapeutinnen, ist. Eine vertrauensvolle Aufklärung, Ansprechpartner, die immer gut erreichbar sind, verständnisvoll jede Frage beantworten und wertschätzend mit der Situation der Familie umgehen, sind das Fundament einer vertrauensvollen Zusammenarbeit. Das Gefühl »Wir gehen diesen Weg gemeinsam und lassen euch nicht allein« ist entscheidend für eine erfolgreiche Therapie in der Klinik und für die ambulante Betreuung im Anschluss.

Die Klinik kann eine Chance für dein Kind sein, sich komplett auf sich zu konzentrieren. Es kommt aus dem alltäglichen Druck heraus, erfährt eine Entlastung, die im Alltag so oft nicht möglich ist. Hier bekommen die jungen Menschen mehrmals am Tag verschiedene Therapieangebote sowie Hilfestellungen für die Schaffung von Alltagsstrukturen und die Entwicklung von Zukunftsperspektiven.

Besonders relevant kann die Entscheidung für einen Klinikaufenthalt aber bei Suizidalität sein. Wenn Jugendliche konkrete Suizidgedanken oder Pläne haben, bedeutet die Klinik Schutz vor selbstverletzenden Handlungen. Hat ein junger Mensch vor, sein Leben zu beenden, und berichtet davon, sollte er sofort in eine Klinik eingewiesen werden. Das ist ein ähnliches Prozedere wie nach einem Unfall; es kann umgehend mit einem Krankenwagen ins Krankenhaus gehen. Oder die Eltern bringen ihr Kind selbst in die Klinik. In der Notfallambulanz der Psychiatrie wird innerhalb der nächsten 24 Stunden abgeklärt, wie akut die Situation des Jugendlichen ist, und das weitere Vorgehen mit Patient und Familie besprochen. Leider sind die psychiatrischen Kliniken genauso überlastet wie die ambulanten Praxen. Wartezeiten für einen geplanten Klinikaufenthalt können bis zu sechs Monate dauern. Mithilfe der Krankenkasse kann bundesweit nach einem Klinikplatz gesucht werden. Währenddessen hat die ambulante Therapie den Auftrag, den Klienten stabil zu halten, bis ein Klinikplatz frei wird.

Indikationen, die eine stationäre Aufnahme notwendig machen können:[8]

- schwer ausgeprägte depressive Symptome
- akute Suizidgefahr

- psychotische Symptome (wie zum Beispiel Denkstörungen, veränderte Sinneswahrnehmung oder Halluzinationen)
- ausgeprägte psychosoziale Beeinträchtigung beziehungsweise eingeschränkte Alltagsbewältigung
- schwerwiegende komorbide Störungen (schwer ausgeprägtes, aggressiv-dissoziales Verhalten, Essstörung, schwerwiegender Missbrauch von Alkohol oder Drogen, starke Ängste etc.)
- schwere familiäre Probleme (chronische psychische oder körperliche Erkrankung der Eltern, Suchtprobleme der Eltern, Unterbringung der Eltern, elterliche/erzieherische Überforderung, akute und schwere Ehekonflikte etc.)
- sonstige schwere Belastungen im Umfeld (Missbrauch, Misshandlung etc.)
- nach ambulanter Therapie ohne merkliche Veränderung

Psychotherapie

Bei der Diagnose einer depressiven Verstimmung oder Depression ist auf jeden Fall eine Psychotherapie zu empfehlen. Ich erlebe besonders nach dem Ende der Pandemie, dass immer mehr Jugendliche, aber auch Kinder um eine Therapie bitten, sich Unterstützung von außen wünschen, und ich empfinde diese Offenheit als einen mutigen Schritt.

Psychotherapie ist eine prozessorientierte Arbeit. Mach dir bewusst, dass dein Kind zuerst den Therapeuten oder die Therapeutin kennenlernen und ihm oder ihr vertrauen muss. Es kann mehrere Wochen dauern, bis eine belastbare Beziehung entsteht. Deshalb finanzieren die Krankenkassen in der Regel fünf probatorische Stunden, in denen Klienten und Therapeutinnen herausfinden können, ob sie miteinander arbeiten möchten. Auch ist es wichtig, laufende Therapien nicht von heute auf morgen abzubrechen. Besprich mit deinem Kind, was störend an der Therapie ist und auch, was es glaubt, was anders sein müsste, damit das Setting ansprechend bleibt. Jugendliche haben nicht immer eine Antwort auf diese Frage, aber sie kann einen neuen Denkprozess auslösen. Selbst wenn dein Kind sich beschwert, suche zuerst das Gespräch mit dem Therapeuten, am besten gemeinsam mit deinem Kind. Solltet ihr dann feststellen, dass es nicht passt, dann lass dein Kind sich in einer abschließenden Sitzung verabschieden. Auch die Verabschiedung von Menschen ist eine Lektion, die gelernt werden kann. Solltest du dein Kind von keinem weiteren Besuch überzeugen können, dann suchst du das Gespräch mit dem Therapeuten und berichtest anschließend davon zu Hause. Damit beendest du stellvertretend als Unterstützer deines Kindes die Therapie.

Ansonsten kann ein Therapietermin der erste Schritt zurück zur Struktur sein. Oft handelt es sich hier um den Termin, den die Jugendlichen auch immer zuverlässig wahrnehmen. Sie genießen diese Stunde, in der es nur um sie geht, sie sprechen, ohne dass ein Handy oder Geschwister sie unterbricht. Dafür empfehle ich Eltern, auch an Tagen, wo die Lust nicht so groß ist, auf diese Termine zu bestehen.

Für Eltern kann es manchmal schwer sein, nicht zu wissen, was inhaltlich in den Sitzungen besprochen wird. Sie sind verunsichert, wenn das Kind nachdenklich aus der Therapie kommt oder anfängt, sich anders zu verhalten. Manchmal passiert es, dass Eltern befürchten, ihr Kind könnte in der Therapie zu viel von zu Hause erzählen. Dass sie schlecht dargestellt werden könnten, der Teenager Geschichten erzählt oder schlicht übertreibt. Deshalb lege ich großen Wert auf Elterngespräche oder das Angebot, regelmäßig nachzufragen. Bringe dich mit in die Therapie ein, aber vertraue auch auf den Prozess. Natürlich ist der Therapieraum auch dafür gedacht, Frust, Wut und Trauer loszuwerden. Einfach die ganze Anspannung herauszulassen, ohne dabei jemanden zu verletzen.

Auch das ist ein Schritt zur Ablösung – also ein weiterer wichtiger Entwicklungsschritt. Je gelassener Eltern damit umgehen können, desto leichter kann der Teenager auch wieder auf seine Eltern zugehen. Wie das Boot, das sich selbstständig macht, aber jederzeit einen sicheren Platz im Hafen hat.

Im Netz finden sich unendlich viele Angebote von Therapieansätzen, Lebensberatung und Coaching. Diesen Dschungel von Angeboten zu durchdringen, insbesondere wenn die Familie schon in einer Krise steckt, kann sehr herausfordernd sein. Die gesetzlichen Krankenkassen bezahlen in der Regel die sogenannten vier Richtlinienverfahren:

- » Verhaltenstherapie
- » Tiefenpsychologisch fundierte Psychotherapie
- » Analytische Psychotherapie
- » Systemische Therapie

Die privaten Krankenkassen übernehmen auch alle vier Richtlinienverfahren und bieten je nach der Vertragsgestaltung noch zusätzliche Psychotherapieverfahren an. Einige Verträge der privaten Krankenkassen decken auch Heilpraktiker für Psychotherapie ab. Für die Übernahme der Psychotherapie braucht es in der Regel einen Antrag, der von Therapeuten und Klientinnen ausgefüllt werden muss. Es ist empfehlenswert, zuerst die Krankenkassen nach ihren Antragsabläufen und Bedingungen für eine Psychotherapie zu fragen, bevor du in einen Therapieprozess einsteigst. Kläre immer im Vorfeld die Finanzierung, damit du während des Therapieprozesses von keinen finanziellen Unsicherheiten überrascht wirst. Manche Klienten und Klientinnen entscheiden sich auch gegen eine Kostenerstattung ihrer Therapien, weil sich durch die Inanspruchnahme von Psychotherapie die Beiträge erhöhen oder der Wechsel in eine andere Krankenkasse erschwert werden kann.

Bei Depressionen und Ängsten bei Kindern und Jugendlichen gilt die Verhaltenstherapie als das Therapiemodell der Wahl. Hier gibt es seit vielen Jahren wissenschaftliche Studien und viel Erfahrung. In den letzten Jahren hat auch die Systemische Therapie entscheidende Anerkennung in der Welt der Wissenschaft als besonders wirksame Therapieform gewonnen. Aus diesem Grund werde ich im Folgenden vor allem diese zwei Therapieformen etwas näher erläutern.

Die Verhaltenstherapie

Diese Therapieform geht davon aus, dass wir Menschen Denkmuster und Verhaltensweisen im Laufe unserer Entwicklung erlernen. Gedanken, Gefühle und Verhalten beeinflussen sich dabei gegenseitig. Bei manchen entstehen allerdings besonders negative Wahrnehmungen und Bewertungen. Diese negativen Wahrnehmungen und daraus entstehende negative Verhaltensweisen sind über die Jahre erlernt worden, sind sehr belastend und können Auslöser einer depressiven Symptomatik sein. In der Therapie werden die negativen Verhaltens- und Gedankenmuster sichtbar gemacht und mithilfe von Interventionen, neuen Strukturen und Tools verändert. Alte Denkmuster sollen durchbrochen und neue entwickelt werden. Eltern werden mit in den Therapieverlauf integriert, indem sie zu eigenen Elterngesprächen, in der Regel ohne ihr Kind, eingeladen werden. Hier erfahren sie vom Therapeuten oder der Therapeutin von Veränderungen und neuen Strukturen, die in der Therapie umgesetzt werden und wie sie diese unterstützen können. Es geht vor allem darum, die Gefühlswelt und das Gehirn, das über viele Jahre mit Ängsten und Unsicherheiten gefüttert wurde und bestimmte Verhaltensweisen entwickelt hat, mit diesen Bedrohungen umzugehen, zu therapieren. Um neue Handlungen und neues Erleben zu ermöglichen, braucht es eine Art Neuprogrammierung. In der Verhaltenstherapie wird der Klient zur aktiven Veränderung seines

Handelns, Denkens und Fühlens motiviert und angeleitet. Dabei werden die bereits vorhandenen Stärken und Fähigkeiten herausgearbeitet, um diese für den Veränderungsprozess zu nutzen.

Ein Klient, der immer nur erzählt, dass die Tage dunkel und grau sind, erhält als Intervention beispielsweise ein Glückstagebuch, in das er jeden Tag notieren soll, was schön an diesem Tag war. Es darf auch etwas ganz Kleines sein, wie zum Beispiel ein Lächeln vom vorbeieilenden Nachbarn, Eisessen mit Freunden, die ins Gesicht scheinende Sonne oder das Lieblingsessen zum Mittag. Nach ein paar Wochen fällt es dem Klienten immer leichter, positive Dinge in seinem Alltag zu entdecken.

Die Systemische Therapie

Die Systemische Therapie geht davon aus, dass jeder Mensch in ein Netzwerk, ein System eingebettet ist. Dabei ist der Blick auf das soziale System Familie, Freunde, Schule, Kindergarten und Beruf besonders wichtig. Wir sind alle durch Bindungen, Erleben und Gefühle miteinander verbunden. Das Tun des einen ist verbunden mit dem Tun und Lassen des anderen. Diese wechselnde Verbundenheit kann mit einem Wollfaden veranschaulicht werden, der zwischen allen Personen gespannt wird. Wenn eine Person zieht, ist das im ganzen Netz zu spüren. Jedes Mitglied im System wirkt auf die anderen Systemmitglieder. Deshalb ist der Blick in der Systemischen Therapie nicht auf ein einzelnes Systemmitglied gerichtet, sondern es werden Verhaltensweisen, Symptome, Probleme oder Krankheiten mit dem Blick auf deren Kontexte und die Beziehungen betrachtet.

Ich sehe hier Parallelen zu dem von mir vorgestellten Hafenbild, in dem jeder seine Rolle und Aufgabe hat. Jeder Einzelne wird gebraucht. Der große Leuchtturm ist für die Orientierung zuständig, und andere Leuchttürme unterstützen. Das Funktionieren und die Stabilität des Hafens hängen von den richtigen Werten, Regeln und Strukturen ab. Sobald ein Boot nicht am richtigen Platz liegt, entsteht für alle ein Ungleichgewicht, Unruhe und Aufregung. Und wenn der Leuchtturm in Treibsand gerät, beeinflusst das die Boote. Ihnen fehlt dann die Orientierung, und sie können den Hafen nicht sicher verlassen.

Die Systemische Therapie speist sich aus verschiedenen Denkansätzen und Erklärungsmodellen, ein zentraler Ansatz für uns Systemikerinnen ist der Konstruktivismus. Wir gehen davon aus, dass sich die Welt nicht objektiv darstellen lässt. Was wir wahrnehmen und beobachten, ist nicht zwingend objektiv wahr oder nicht wahr.

Die Systemische Therapie hat einen eigenen Blick auf Probleme. Ein Problem entsteht, weil jemand im System ein Verhalten *als Problem* beobachtet und es als störend erlebt und als solches benennt. Dieses Problem wird dann von anderen Systemmitgliedern weitergetragen. Jeder beschreibt das Problem auf seine Art, wie er oder sie es erlebt. Somit wird das Problem von allen Systemmitgliedern offiziell anerkannt, und es wird eine Erklärung für das Problem gesucht.

Eine Problemerklärung ereignet sich zum Beispiel, wenn die Vergangenheit als »Schicksal« betrachtet wird. Eine andere sieht zum Beispiel »Schuld« in den individuellen Eigenschaften eines Einzelnen, dem gleichzeitig die Fähigkeit oder der Wille zur Lösung der Probleme abgesprochen wird. Diese Sichtweise auf ein Problem zeigt auch, dass jeder Mensch sein eigenes Erleben und Wahrnehmen zu Geschehnissen hat.

Das erleben wir auch regelmäßig in Gesprächen: Zwei Personen führen im gleichen Raum miteinander ein Gespräch, und jeder wird anschließend das Gespräch anders wiedergeben. Denn jeder hat etwas anderes gehört, gefühlt und erlebt. Keine Erzählweise ist falsch. Jede Erzählweise ist persönlich. Wir systemischen Therapeutinnen erfragen neugierig und offen den Kontext, um die verschiedenen Versionen und die dahinter verborgenen Bedürfnisse zu verstehen. Denn jeder schaut mit seinem eigenen Blick auf die Situation, das Problem oder Symptom und möchte verstanden werden.

Lange ging man in der Psychotherapie davon aus, dass die Lösung eines Problems zu finden sei, wenn man nur weit genug in die Vergangenheit gehe, an die Wurzel, dorthin, wo alles entstanden ist. Wir Systemikerinnen stellen fest, dass uns das der Lösung nicht unbedingt näherbringt. Denn diesem Denken liegt eine Kausalität zugrunde, die es in Wirklichkeit gar nicht gibt. Und lineares Denken engt uns ein. Um eine Lösung zu finden, ist es wichtig, die Rolle des Problems im Kontext des jeweiligen Systems zu verstehen.

In der Regel werden Symptome als etwas Lästiges angesehen, als etwas, das wir so schnell wie möglich loswerden wollen. Symptomentwicklungen haben oft sehr leidvolle Folgen. Aus systemischer Sicht stellen sie aber keineswegs Inkompetenzen dar, sondern sind Ausdruck unbewusster, kompetenter (derzeit bestmöglicher) Lösungsversuche – allerdings mit oft sehr hohem Preis! Insofern interpretieren und verstehen wir systemischen Therapeuten Symptome als individuelle Lösungsversuche oder auch als ein beziehungsstiftendes Element innerhalb des Systems. Denn in der systemischen Welt geht man davon aus, dass ein System immer ein Interesse an Beziehungen und ihren Auswirkungen hat.

Als systemische Familientherapeutin stelle ich mir ein Familiensystem auch gern als ein Uhrwerk vor. Die kleinen Zahnräder sind alle miteinander konfiguriert, und die kleinste Unregelmäßigkeit kann zum Verhaken eines der kleinen Räder führen. Eine minimale Korrektur des verklemmten Zahnrades führt wieder zu einem konfliktfreien Lauf, und die Uhr funktioniert. Wie bei einem wütenden Jugendlichen, der nach der Aufmerksamkeit seines vielbeschäftigten Vaters sucht. Die Wut verhindert einen friedlichen Familienalltag. Sobald aber der Vater das Bedürfnis hinter der Wut verstanden hat, nämlich den Wunsch nach Nähe, verändert sich die Beziehung zwischen ihm und seinem Sohn. Die Wut zieht sich zurück, und das Familienleben wird entspannter.

Familiensysteme haben eine Tendenz zu Stabilität und Entwicklung. Stabilität heißt auch, eine Familie verweilt in einer schwierigen Situation in einer Form von Bequemlichkeit, obwohl diese nicht guttut. Das heißt, auch der wütende Sohn hat mit seiner Wut einen festen Platz im Familiensystem. Alle Familienmitglieder haben ihre Rolle darin und ihren Umgang damit gefunden. Entwicklung bedeutet Veränderung, und das ist anstrengend. Denn hier braucht es neue Wege, neues Verständnis und einen anderen Umgang. Es braucht ein Stück emotionale Arbeit, um eine neue Leichtigkeit im Alltag zu erreichen. Dabei kann Therapie ein unterstützender Wegweiser sein. Deshalb liegt in der Systemischen Therapie der Fokus in der Veränderung von familiären und sozialen Interaktionen. Dafür gehen Therapeutin und Klient oder Klientin gemeinsam auf eine Entdeckungsreise zu möglichen Lösungen und Stärken. Ressourcen und Kompetenzen werden so herausgearbeitet, dass die Betroffenen selbst wieder lösungsorientiert und selbstwirksam handeln können.

Symptome können also auf Probleme in Beziehungen innerhalb des Systems hinweisen. Zum Beispiel kann eine Essstörung die Aufmerksamkeit der Eltern auf die Teenagertochter zurückführen, obwohl sie gerade in der Pubertät ist und sich abnabeln möchte. Hier fordert ihr kindlicher Kern die elterliche Aufmerksamkeit. Bei einem weiteren Blick könnte das Symptom Essstörung, weswegen sich alle in der Familie auf die Tochter konzentrieren, aber auch von anderen Problemen im System ablenken, wie zum Beispiel einer Ehekrise. Die Ehekrise anzuerkennen kann für das System existenziell gefährlich werden. Sollten die Eltern sich mit ihren Paarproblemen auseinandersetzen und dabei womöglich feststellen, dass sie sich trennen möchten, würde dies das ganze Familiensystem bedrohen. Diese Bedrohung kann der Grund sein, dass sich lieber alle weiter auf das Symptom Essstörung konzentrieren, um das Familiensystem (für einen hohen Preis) zu stabilisieren.

Systemisch typische Fragen sollen dabei helfen, das Bedürfnis hinter dem Symptom zu verstehen. Das Symptom Essstörung kann beispielsweise Ausdruck für ein Bedürfnis nach Sicherheit sein – das Kind will den Eltern sagen, kümmert euch um *eure* Eheprobleme, damit wir Kinder uns wieder sicher fühlen können.

Typische Fragen sind unter anderem

- Wofür ist das Symptom gut?
- Wofür ist es gerade wichtig?
- Wer kann im System eine Veränderung herbeiführen?
- Was bräuchte es, um das Symptom zu verschlimmern?
- Wie würden andere das Symptom erleben und beschreiben?

Die Skalierungsfrage

- Wie schätzt du heute deine Traurigkeit ein, zwischen 1 und 10? 10 bedeutet: Ich bin überhaupt nicht traurig. 1 bedeutet: Ich bin maximal traurig.
- Auf welchen Wert musst du kommen, um eine Veränderung wahrzunehmen? Und was ist dann anders?

Die Wunderfrage

- Stell dir vor, du könntest zaubern, was würdest du mit dem Symptom machen, wenn du einfach entscheiden könntest?
- Woran würdest du merken, dass die Situation besser für dich ist?

Diese ungewohnten Fragetechniken helfen, um aus dem gewohnten Erzählfluss zum altbekannten Problem neue Erzählweisen zu ermöglichen. Durch neue Erzählungen können neue Perspektiven, also positive Blickweisen entstehen.

Das ist der Grund, warum ich auch in diesem Buch ungewohnte Blickwinkel auf die Depression entwickle, ihre Existenz in eine Chance uminterpretiere und mit ungewöhnlichen Lösungsangeboten aufwarte.

Was bedeutet das praktisch?

An dieser Stelle möchte ich für ein besseres Verständnis zum Perspektivwechsel und meiner therapeutischen Arbeit meine eigene Angst vorstellen.

Angst werden wir in diesem Buch immer wieder besprechen. Sie ist ein wichtiger Aspekt, wenn es um Depressionen geht. Die Angst zeigt sich in vielen Facetten, sie hat unterschiedliche Erscheinungsformen, wie auch bei der Depression gibt es nicht dieses eine Störungsbild.

Ich zum Beispiel verspüre Angst, während ich dieses Buch schreibe. Ich spüre die Angst, Fehler zu machen, die Angst, die Erwartungen der Leser und Leserinnen nicht zu erfüllen. Mein Druck steigt, und ich spüre Stress, der sich auch als Leistungsdruck zeigt. Wenn mich aber jemand fragt, *warum* ich Angst habe, entsteht ein Gefühl der Unzulänglichkeit: »Du kannst das ohnehin nicht«, »Du wirst niemals fertig!« und »Du hast dich mal wieder überschätzt.« Das sind Glaubenssätze, die mich durch eine schwierige Schulzeit geprägt haben. Wenn ich dann nervös und unausgeglichen werde, bekomme ich schnell und ungefragt gut gemeinte Ratschläge: »Dann musst du weniger Projekte annehmen« oder »Nimm dir mehr Zeit für dich!«, »Mach Sport!« und »Glaub an dich!«

Diese Ratschläge sollen mir helfen, aber ich fühle mich nicht verstanden. Kognitiv verstehe ich, warum ich diese Ratschläge bekomme, aber emotional berühren sie mich nicht. Das heißt, mit der Frage »Warum hast du Angst?« begegne ich meinen alten Glaubenssätzen. Sie hemmen mich, und ich fühle mich schuldig, weil ich scheinbar etwas falsch mache. Die Frage »Warum?« führt mich in meine Hilflosigkeit, in die Ohnmacht und in den Stillstand, aus dem ich nicht herauskomme. Wenn mich aber jemand fragen würde, *wofür* ich die Angst und den Leistungsdruck brauche, öffnet sich eine andere Perspektive auf meine kleine Krise.

Die systemische Arbeitshaltung arbeitet mit Fragetechniken, die Ressourcen aktivieren und Lösungen aus einem selbst hervorholen. Meine eigenen Perspektiven und Lösungsansätze können mich emotional berühren und damit auch zur richtigen Lösung für mich werden. Das heißt in meinem Fall: Ich erkenne, wie sehr ich den Druck und die Angst brauche. Sie führen mich zu Höchstleistungen. Erst wenn der Druck kaum noch auszuhalten ist, die Angst mir fast den Atem nimmt, produziere ich lesenswerte Texte. Mit diesem ressourcenorientierten Blick auf meine Gefühle kann ich mittlerweile mit einer gewissen Gelassenheit mit dem Druck und der Angst umgehen. Und ich bin in der Lage, im Moment des enormen Drucks zu entscheiden, was mir hilft. Dann gehe ich etwa laufen, ordne dabei meine Gedanken und setze mich dann an meinen Lieblingsplatz und beginne zu schreiben. Diesem inzwischen anderen, konstruktiven Umgang mit meinem Symptom Angst liegt natürlich auch ein längerer eigener Reflexionsprozess zugrunde.

Grundsätzlich hilft mir die systemische Haltung, mein Problem wertschätzend, positiv zu betrachten; sie gibt mir die Chance, alte Glaubenssätze neu zu interpretieren. So verleihe ich ursprünglich negativen Gedanken eine neue, positive Macht, die ich als Ressource nutze. In der systemischen Haltung versuche ich, nicht nur Zusammenhänge zwischen Symptom und Bedürfnis zu verstehen, sondern spüre mit manchen Familien auch mehrgenerationale Zusammenhänge auf. Denn es ist nicht immer offensichtlich, wer das Symptom zuerst hatte, woher es also möglicherweise kommt. Manchmal sind Traumata, Angst und Depressionen von Generation zu Generation weitergegeben worden, bis jemand aus der Familie sich dafür »entscheidet«, sich mit dem Symptom auseinanderzusetzen und das »Vererben« mithilfe von neuen Perspektiven und Handlungen zu unterbrechen.

Aus meiner Erfahrung heraus sollte eine Psychotherapie immer auch die Zusammenarbeit mit den Eltern einschließen. Und auch der Kontakt zu anderen Unterstützern wie Lehrer und Lehrerin ist wünschenswert. Der Gedanke, dass ein junger Mensch mit seinen Problemen alleingelassen und in Therapie geschickt wird, mit der Idee »Mach mein Kind bitte wieder gesund« kann aus meiner Sicht nicht funktionieren. Wie soll ein junger Mensch, der noch abhängig von seinem Umfeld ist, sich aus seinem Problem lösen beziehungsweise neues Verhalten lernen, wenn er in sein altes Umfeld zurückkehrt, in dem sich außer ihm niemand verändert? Das ist eine Sisyphusarbeit. Denn die Jugendlichen sind in der Regel das schwächste Glied, und es braucht enorm viel Kraft, sich mit neu Gelerntem in einem eingespielten System durchzusetzen.

Bei der Entscheidung für eine Ärztin oder einen Therapeuten ist es neben der fachlichen Kompetenz auch wichtig, auf Empfehlungen aus dem Umfeld und auf das eigene Bauchgefühl zu hören. Die persönliche Chemie sollte zwischen allen stimmen. Schließlich geht es um das wahrscheinlich persönlichste Thema, das mit Fremden geteilt werden soll. Durch den extremen Mangel an Therapieplätzen und lange Wartezeiten können es sich aber leider viele nicht leisten, auf persönliche Sympathien Rücksicht zu nehmen.

Ich empfinde das als einen furchtbaren Zustand, der nur durch gesundheitspolitisches Handeln zu beheben ist. Bis das geschieht, gibt es auch hier eine Schere von Zwei-Klassen-Therapien. Es gibt zum einen die Hilfe suchende Gruppe, die das begrenzte Therapieangebot annehmen muss, das durch die gesetzlichen Kassen gedeckt ist. Hier besteht die Gefahr, dass Therapien nicht die erhofften Ergebnisse bringen, weil es sich entweder um einen nicht passenden Therapieansatz handelt oder die Chemie zwischen Therapeuten und Jugendlichen nicht passt. Die Eltern sind nur froh, wenn sie überhaupt einen Therapieplatz haben. Noch schlimmer ist es für die Betroffenen, die trotz großer Not keine Therapie bekommen, weil die Wartelisten bis zu sechs Monate im Voraus voll sind. Es lohnt sich immer, öffentliche Einrichtungen oder freie Träger wie zum Beispiel die Caritas, Johanniter, Fröbelstiftung oder kleine Beratungsstellen, die mithilfe von öffentlichen Geldern finanziert werden, anzufragen. Das Internet bietet eine Vielzahl von Angeboten, und du findest psychologische Beratungsangebote zu unterschiedlichen Themen und erfährst Unterstützung, wo weitere Hilfsangebote möglich sind.

Zum anderen gibt es die betroffene Gruppe, die es sich leisten kann, sich für eine privat zu zahlende Diagnostik und Therapie zu entscheiden. Sie sind damit schneller und persönlicher ans Helfersystem angebunden und erhalten unmittelbarer Unterstützung.

Gruppentherapie

Gruppentherapie lernen viele Jugendliche im Klinikkontext kennen. Sie wird aber auch ambulant angeboten. Die Gruppentherapie ist meistens zeitlich begrenzt und ersetzt nicht immer eine Einzeltherapie. Sie kann aber diejenigen unterstützen, die sich schon so eingeigelt haben und keine oder kaum soziale Kontakte pflegen, wieder in einen sozialen Kontext zu kommen und dabei mithilfe von Gleichaltrigen und der Therapeutin positive Erfahrungen und Ideen für Veränderungen zu sammeln.

In einer Gruppentherapie können sich Gleichaltrige unter der Leitung von Therapeuten zu ihren Themen austauschen. In der Gruppe werden Gefühle an- und besprochen. Ein Austausch über gemeinsame Themen, aber auch der Erfahrungsaustausch wie zum Beispiel »Was hilft mir?« ist wichtig für alle Teilnehmenden. Diese Therapieform ist allein deshalb so wertvoll, weil hier die Scham gut besprochen und der Blick darauf verändert wird. Die Jugendlichen erkennen, dass sie nicht allein sind mit ihren Problemen und Belastungen. Sie lernen, sich gegenseitig zu unterstützen und eine Gemeinschaft zu bilden, die Halt geben kann. Die fachliche Begleitung sorgt für einen therapeutisch sicheren Rahmen und kann ein weiterer Leuchtturm für die betroffenen Jugendlichen sein. Ich habe mit meinem Team die Erfahrung gemacht, dass Gruppentherapie eine gute Alternative zur Therapie im Einzelsetting sein kann, gerade wenn es zu wenig Therapieplätze gibt.

Jugendliche sprechen untereinander viel über ihre mentale Situation. Dabei besprechen sie auch schwere Themen wie Suizidgedanken, Selbstverletzungen, Streit mit den Eltern oder erlebten Missbrauch. Oft bleiben die Jugendlichen allein mit diesen Themen, und auch die Dinge, die sie von ihren Freunden hören, können eine schwere Belastung sein. Mit ihren Eltern wollen sie selten darüber sprechen, weil es sich wie ein Geheimnisverrat anfühlt. Deshalb können Eltern ihnen anbieten, dass sie mit jemand Neutralem sprechen.

Wir haben inzwischen das Angebot eingeführt, dass Jugendlichen mit ihren Freunden einen regelmäßigen Termin bei uns wahrnehmen können. So fühlen die Kids sich sicher in ihrer bekannten Gruppe, werden aber auch therapeutisch begleitet. Die Herausforderung ist leider oft, dass Eltern die mentale Not ihrer Kinder nicht immer ernst nehmen oder davon noch nichts bemerkt haben. Das führt dazu, dass manche Teenager diese Angebote nicht annehmen, weil sie das Gespräch mit ihren Eltern vermeiden wollen.

Deshalb ist es so wichtig, dass du, wenn du eine Veränderung wahrnimmst, auf dein Kind zugehst. Scheue dich nicht, deine Gefühle anzusprechen und Hilfsangebote zu machen. Dein Kind wird erleichtert sein.

Jugendamt

Natürlich kommt es vor, dass Probleme in Familien so komplex sind, dass Eltern sich absolut hilflos fühlen und, so sehr sie es auch wollen und versuchen, allein keine guten Lösungen finden. Gerade für Allein- und Getrennt-Erziehende können sich diese Krisen unter Umständen noch herausfordernder anfühlen, denn zur mitunter schambesetzten Suche nach Hilfe gesellt sich die Angst, die Kinder an den Expartner, die Expartnerin oder auch ans Jugendamt zu verlieren.

In meiner Arbeit als Familientherapeutin habe ich immer wieder Berührungspunkte mit dem Jugendamt und habe es oft als verlässlichen Partner empfunden. Ich empfehle Eltern sogar, sich in bestimmten Situationen eigenständig ans Jugendamt zu wenden und sich beraten zu lassen. Viele Eltern fürchten jedoch diesen Weg, weil sie glauben, dass ihnen das Amt ihre Kinder wegnimmt und sie als schlechte Eltern stigmatisiert werden.

Das Jugendamt versteht sich in erster Linie als Anlaufstelle für Fragen und Probleme von Kindern, Jugendlichen bis 18 Jahre, Eltern und Erziehungsberechtigten. Jugendämter verwalten die Strukturen und Angebote der Kinder- und Jugendhilfe in den Kommunen, sichern den Kinderschutz und arbeiten mit dem Leitgedanken »vernetzt zu helfen«. Sie unterstützen alle zu ihnen Kommenden und stellen umfangreiche Leistungen unter anderem im Bereich Frühe Hilfen, Familien- und Erziehungsberatung, Jugend- und Schulsozialarbeit, Hilfen zur Erziehung und Kinderschutz zur Verfügung.

Für Familienprobleme bietet das Jugendamt vielfältige Angebote wie unter anderem Beratungsgespräche, Elternkurse und aufsuchende Familienhilfe. Aufsuchende Familienhilfe bedeutet, dass eine Familientherapeutin einmal wöchentlich die Familie für mehrere Stunden besucht und therapeutisch unterstützt.

Mit unseren Jugendämtern existiert ein Hilfesystem in Deutschland, das auf der so wichtigen Idee fußt, Familien in Krisen möglichst schnell zu helfen und sie zu unterstützen.

Toolbox: Helfernetz

- » Bau dir ein Helfernetz und plane dafür Zeit ein.
- » Abklärung beim Kinderarzt: Schließe organische Ursachen aus.
- » Abklärung beim Kinder- und Jugendpsychiater: Diagnostik und eine ausführliche Psychoedukation sind wichtig für die nächsten Schritte.
- » Mach dir ein eigenes Bild zum Thema Medikamente und Klinik.
- » Arztgespräche: Wenn etwas noch nicht verständlich ist, scheue dich nicht, nachzufragen. Hole dir alle nötigen Informationen von den Experten.
- » Finde den richtigen Therapeuten: mithilfe der Ärzte, Empfehlungen aus dem Freundeskreis oder der Schule. Die Krankenkassen haben auch Therapeutenlisten, und im Internet gibt es ein breites Angebot von unterschiedlichen Beratungsangeboten.
- » Sprich mit anderen Eltern, viele haben ähnliche Probleme, und ihr könnt euch durch den Informationsaustausch gegenseitig stärken.
- » Vertraue deinem Bauchgefühl. Deine Familie muss dem Helfernetz vertrauen und sich sicher fühlen.

Angst – das große Gefühl hinter der Depression

Die Liste mit den verschiedenen Merkmalen einer Depression zeigt uns, dass es kein einheitliches Bild dieser Belastung gibt. Wenn wir uns nun mit der Frage auseinandersetzen, wie eine Depression entsteht, finden wir ebenfalls eine Menge Ursachen, die eine Depression auslösen können. Um aber ins Handeln zu kommen, braucht es auch eine Idee vom individuellen Kontext, in dem jemand eine Depression entwickelt. Ich frage mich also als Therapeutin: Was liegt hinter der Depressionswolke? Und was erwartet mich, wenn diese Wolke abziehen würde? Welches Gefühl, welches Bedürfnis würde dann sichtbar werden, und was braucht der betroffene junge Mensch, um wachsen zu können?

Um als Therapeutin ein Verständnis für die jeweilige Situation zu finden, lasse ich mich von Hypothesen leiten. Ich stelle mir immer wieder die Frage, wofür ein Symptom (zum Beispiel Angst, Wut oder Müdigkeit) gerade wichtig ist, und versuche aus einer neugierigen Haltung heraus, wie ein Forscher, zu verstehen, ob sich vielleicht unter anderem eine Frage nach zu geringem Selbstwert oder nach der Angst vor Individualisierung stellt. So gehe ich zum Beispiel immer wieder mit der Hypothese in den zwischenmenschlichen Kontakt, dass unsere Teenager sich vor dem Abnabeln fürchten. Dass die völlig natürliche Entwicklung zu einer eigenen Persönlichkeit und Individualität und der Drang nach mehr eigener Freiheit gleichzeitig eine große Angst auslösen. Denn viele Jugendliche haben Angst davor, ihre Eltern oder Familie zu verraten und dann die Beziehung mit ihnen zu verlieren.

Angst ist ein wichtiges Gefühl für uns. Sie bewahrt uns vor Gefahren und kann ein Schutzschild sein. Doch wenn sie zu groß wird, kann sie körperliche Symptome zeigen, als würde die Angst durch den Körper kriechen. Es kann sich wie ein Kribbeln anfühlen, das Atmen erschweren oder sich wie ein Klotz auf die Brust legen. Oft löst Angst eine innere und vielleicht auch äußere Unruhe aus. Manch einer wird hippelig, als ob sich die Angst so abschütteln ließe. Angst ist da, wo Hilflosigkeit und Ohnmacht übernehmen. Große Angst löst im Körper einen Prozess aus, der zu Flucht- oder Kampfreflexen führen kann. Manchmal beschreiben Klientinnen, dass sie sich wie ein Reh erleben, das in die Autoscheinwerfer schaut und sich trotz der sich nähernden Gefahr nicht fortbewegen kann.

Wenn das Gefühl starker Angst zu lange herrscht, hat das Auswirkungen auf Gehirn und Körper. Ein Dauerangstzustand beziehungsweise ein Daueralarm lassen keine Ruhe zu, das Gefühl von Sicherheit und Geborgenheit wird seltener. Die Schultern werden hochgezogen, als wolle die Person unsichtbar werden, Verspannungen und Schmerzen entstehen. Regelmäßige Kopfschmerzen können ein Dauergast sein. Das Leben fühlt sich gefährlich, bedrohlich und dunkel an, und nur der Rückzug scheint noch sicher zu sein. An dieser Stelle können sich Angst und Depression verbinden und zu ziemlich besten Freunden werden.

Wenn wir uns die Risikofaktoren, die eine depressive Episode begünstigen können, anschauen, so sitzen Angst, Furcht und Unsicherheit immer mit im Boot. Neben den weltweiten Krisen, denen auch Teenager von heute ausgesetzt sind, kann genauso psychosozialer Stress, also Krisen im Leben einer ganz normalen Familie, ein Auslöser sein. Familienkrisen können durch verschiedene Ereignisse ausgelöst werden, zum Beispiel durch den Tod einer geliebten Person oder auch eines geliebten Haustieres, durch Eheprobleme oder Scheidung, Unfälle, Verletzungen, Gewalt oder Mobbing. All das kann depressive Verstimmungen auslösen. Auch die Lebensumstände beeinflussen die mentale Stabilität eines Teenagers. Andauernde finanzielle Sorgen, niedriges Bildungsniveau innerhalb der Familie oder auch einsame, auf sich allein gestellte Familien schaffen es nicht immer, einen sicheren Rahmen für ihre Kinder zu ermöglichen.

Ich sensibilisiere Eltern dafür, dass Krisen in der Familie geschehen. Für mich ist das das Leben: Tod, finanzielle Sorgen oder großer beruflicher Stress sind nichts, was wir uns ins Leben bestellen. Es passiert, und ich bin davon überzeugt, dass es nicht hilft, wenn Vater und Mutter in die Gedankenspirale der Schuld einsteigen und sich fragen: »Was habe ich falsch gemacht?« oder »Hätte ich bloß anders entschieden oder gehandelt!« Solche Fragen oder Wünsche werden dich nicht aus der Krise führen, dir keinen Lösungsweg aufzeigen. Im Gegenteil: Die negative Gedankenspirale verstärkt dein Ohnmachtsgefühl nur und lässt dich noch mehr erstarren. Um ins Handeln zu kommen, braucht auch der Leuchtturm einen sicheren Rahmen im Alltag. Offenheit, Authentizität und Struktur sind das, was uns Leuchttürmen hilft, Lebenskrisen in der Familie zu meistern.

Sicherheit durch Transparenz

Um zu verdeutlichen, wie elterliche Transparenz für Sicherheit sorgen kann, möchte ich dir Familie Müller vorstellen:

Beide Elternteile sind berufstätig, und ihre zwei Teenager im Alter von 13 und 16 Jahren gehen in die Schule. Bisher haben die vier ihren Alltag gut gemeistert. Die Eltern konnten sich die Termine mit den Kindern gut aufteilen, für den Haushalt gibt es eine regelmäßige Unterstützung, und wenn es Probleme mit den Hausaufgaben gab, sind die Großeltern immer ansprechbar. Auch eine regelmäßige Paarzeit war über Jahre ein wichtiger Bestandteil im Familienkalender. Doch nun ist die Großmutter schwer erkrankt, und die Pflege ist für die Familie zu einem weiteren Baustein im eng getakteten Familienalltag hinzugekommen. Schnell merken die Eltern, wie sie an ihre Grenzen kommen. Die Zeit für wertvolle Momente der Zweisamkeit, aber auch um Freunde zu treffen oder mit den Kindern etwas Schönes zu unternehmen, wird immer weniger. Sie sind gestresst und unglücklich über diese Situation. Die Momente, die sie mit den Kindern verbringen, erleben sie müde und mit den Gedanken bei ihren nicht enden wollenden Problemen. Ihre To-do-Liste wird immer länger, und der aufkommende Frust führt zu Ungeduld und Gereiztheit. Immer öfter erwischen sie sich dabei, wie sie ungeduldig mit ihren Kindern sind, und diese sich immer mehr in ihre Zimmer zurückziehen.

Kinder, egal in welchem Alter, spüren schnell, wenn der Leuchtturm aus dem Gleichgewicht gerät. Instinktiv ziehen sich die meisten, vor allem aber Teenager dann zurück. Sie werden oft ruhiger, bei vielen erleben wir, dass sie sich noch mehr anpassen und möglichst gut funktionieren, um nicht noch mehr Probleme zu erzeugen. Sie handeln aus Liebe und Rücksicht auf ihre Eltern, wollen keine weitere Belastung sein, denn davon haben ihre Eltern offensichtlich genug. Schnell beschützen sie ihre Eltern, eine Rolle, die Teenager in dieser Phase ihres Lebens nicht übernehmen sollten. Besser wäre, sie würden sich abnabeln, doch durch ihren stillen inneren Rückzug erkennen wir womöglich die Belastung der Kinder nicht mehr.

Die Leuchttürme, Mutter und Vater Müller, haben gerade keinen Einfluss auf den Gesundheitszustand der Großmutter und damit auf die Gesamtbelastung der Familie. Und trotzdem können sie durch kleine Gesten den Hafen pflegen und so den Raum für die Angst verkleinern. Momente der Präsenz, klare Botschaften und kleine Inseln der Ruhe können weiterhin Sicherheit ausstrahlen.

Als Leuchtturm sorgst du für kurze Familienzeiten, die fest im Alltag etabliert sind. Hier benennst du deinen Kummer und Stress. Du erzählst deinen Kindern, wie schwierig die Situation für dich ist, wo deine Herausforderungen liegen und dass du gerade keine Ahnung hast, wie du Pflege, Arbeit und Familie gut unter einen Hut bekommen kannst. Mit dieser Transparenz bist du authentisch und für die Kinder greifbar. Du sprichst die schwierige Familiensituation an und gibst offen zu, dass es gerade sehr anstrengend ist und die Nerven (fast) blank liegen. Aber du suchst nach Lösungen, denkst über Hilfsmöglichkeiten nach und sorgst für alle, weil das deine Aufgabe ist. »Ja, es ist gerade schwierig, aber es wird auch wieder besser!«

Herausfordernde Familiensituationen können Angst auslösen und diese Form der Transparenz schenkt Präsenz und Sicherheit.

Wir brauchen unsere Gefühle

Wir Menschen bestehen aus Gefühlen, und diese begleiten uns durchs Leben. Sie sorgen dafür, wie es uns geht, welche Entscheidungen wir fällen, mit welchen Menschen wir uns umgeben – wie wir unser Leben gestalten. Wie viel Gefühl wir in unserem Leben zulassen, hat zum einen mit unserer Persönlichkeit zu tun, aber vor allem auch damit, wie sehr unser Elternhaus von Gefühlen geprägt ist. Wie viel Erfahrung machen wir mit diesem Thema, werden Gefühle benannt und besprochen? Wie empathisch erleben wir unser Umfeld? Leben wir eher in einer distanzierten oder in einer herzlichen, lauten Gesellschaft? All diese Faktoren nehmen Einfluss auf uns und unsere Gefühle.

Bei meiner Arbeit mit Schulklassen verschiedenen Alters fällt mir immer wieder auf, dass die heutigen Kinder und jungen Menschen einen eher geringen Gefühlswortschatz haben. Wenn ich das Spiel »Warme Dusche« spiele, bei dem jeder jedem ein Kompliment machen soll, dann höre ich 20-mal »Ich finde dich nett«, dreimal »Ich kann mit dir lachen« und dreimal »Du nervst«.

Ich glaube, dass heutzutage nicht ausreichend über Gefühle gesprochen wird. Den Kindern fehlt schlicht das Vokabular. Das ist unter anderem auch deshalb bedauerlich, weil ich denke, dass wir uns leichter selbst heilen könnten, wenn wir in der Lage wären, unsere Gefühle zu verstehen und zu benennen.

Wut und Angst sind sehr unbeliebte Gefühle. Selbst in Familien, in denen viel über Gefühle gesprochen wird, erzählen mir Eltern, wie sie Angst und Wut kaum aushalten und sie oft mit Sätzen wie »Krieg dich endlich wieder ein!« oder »Das ist doch Quatsch, du musst keine Angst haben« unterbinden. Oft lassen sich solche Reaktionen mit der eigenen Ohnmacht und Hilflosigkeit gegenüber diesen Gefühlen erklären.

Wenn ich also meine Angst oder Wut nicht fühlen darf, muss ich sie wahrscheinlich mit viel Energie wegdrücken. Eine Weile kann das funktionieren. Aber es ist wie bei einem Dampfkochtopf: Irgendwann entsteht ein so starker Druck, dass er nur noch explodieren kann. Bei Angst kann sich der steigende Druck in Gestalt einer depressiven Verstimmung zeigen. Wir erleben Symptome wie Müdigkeit, Hoffnungslosigkeit oder auch Konzentrationsschwierigkeiten.

Tatsächlich brauchen junge Heranwachsende die Erfahrung, auch mit schwierigen Gefühlen umzugehen. Sie brauchen die Erfahrung, über eine zerbrochene Freundschaft zu trauern, um dann auch erleben zu können, dass Trauer vorübergeht und etwas Neues ins Leben kommt. Sie sollen Frust erleben, wenn ihnen etwas in der Schule nicht gelingt, um dann zu erfahren, wie wunderbar es sich anfühlt, eine Lösung für ihr Problem gefunden zu haben. Wut kann ihnen helfen, ihre Meinung laut auszusprechen, und Angst kann ihnen helfen, rechtzeitig aus einer gefährlichen Situation zu flüchten.

Diese Erfahrungen gehören zu einer gesunden Entwicklung dazu, denn die jungen Menschen erleben so ihre Selbstwirksamkeit und erlangen ein positives Selbstwertgefühl.

Toolbox: Gefühle zeigen

Sei authentisch, indem du deine eigene Vulnerabilität zeigst und damit greif- und begreifbar bist. Sorge in unruhigen Zeiten für regelmäßige Ruheoasen mit der Familie. Dabei können zum Beispiel folgende Aktivitäten Ruhe und Sicherheit vermitteln:

- gemeinsames Kochen
- Spaziergänge
- gemeinsam auf dem Sofa chillen
- gemeinsam Filme anschauen oder Musik hören. Nebenbei erfährst du auch, was dein Kind gerade beschäftigt.

Vererbte Angst

Es darf nicht unterschätzt werden, wie sehr meine Gefühlswelt als Vater oder Mutter Einfluss auf mein Kind nehmen kann. Meine Ausstrahlung und mein Handeln verraten mehr über mich als meine Worte. Begleitet die Angst mich schon viele Jahre in meinem Leben, beeinflusst sie mein Verhalten als Leuchtturm und hat Macht über mein Bindungsverhalten.

Um das zu verdeutlichen, stelle ich dir zwei Familien aus meiner Praxis vor: Momo, der durch sein Verhalten und seine Ausstrahlung die Gefühlswelt seiner kleinen Tochter prägt, und Marc, ein junger Mensch, der sich mit den vererbten Gefühlen seiner Familie auseinandersetzt.

Momo ist ein junger Vater, der seit seiner Jugend tiefe Ängste in sich trägt. Er kommt zu mir in die Therapie, weil er befürchtet, dass er seine Angst an seine dreijährige Tochter Greta weitergibt. Momo ist selbst mit ängstlichen und depressiven Eltern aufgewachsen. Bei ihm zu Hause bestimmte die bedrückende Atmosphäre den Familienalltag, und auch Momo kämpft seit frühester Kindheit mit eigenen Ängsten und beschreibt sich als depressiv. Die Geburt seiner Tochter löste in ihm den Wunsch aus, Angst und Kummer endlich abzulegen, um dem eigenen Kind ein unbeschwertes Leben zu ermöglichen. Doch im Alltag mit einem Kleinkind kommt Momo schnell an seine Grenzen. Sobald Greta zum Beispiel auf dem Spielplatz auf einen hohen Turm klettern möchte, verbietet Momo ihr das, weil er befürchtet, sie könnte fallen. Seit seine Tochter auf der Welt ist, vermeidet er Geschäftsreisen, weil er fürchtet, dass seine Abwesenheit Greta unglücklich machen könnte.

Momo verbringt zwar viel Zeit mit seiner Tochter, aber diese Zeit ist vor allem von Sorge geprägt. Momo sitzt oft stumpf und müde auf dem Sofa und schaut seiner Tochter beim Spielen zu. Richtig fühlen kann er dabei nicht. Auch für Momos Partnerin und Mutter von Greta ist das Verhalten von ihm bedrückend und herausfordernd. Viele Situationen muss sie mit Greta alleine meistern, weil Momo handlungsunfähig ist. Sie hat sich angewöhnt, große Teile des Alltags alleine zu planen, um mit Greta ein bisschen Leichtigkeit und fröhliche Momente zu erleben. Dabei wird Momo immer mehr zum Außenseiter der kleinen Familie. In letzter Zeit fällt Gretas Mutter auf, dass ihre Tochter oft keine Lust auf den Spielplatzbesuch hat, dort weinerlich wird und nicht mehr gern auf den Klettergerüsten spielt.

Aus systemischer Sicht vermute ich, dass Greta die Angst und Schwere ihres Vaters spürt. Gerade weil sie noch so klein ist, ist das überwältigend und auch bedrohlich für sie. Sie fühlt unentwegt eine Bedrohung im Kontakt mit ihrem Papa, und keiner in der Familie spricht darüber.

Momos Angst vor der Welt da draußen beherrscht sein Handeln und Fühlen. Als Antwort darauf bindet er sein Kind ganz eng an sich. Damit möchte er Greta eigentlich beschützen. Doch er vermittelt ihr unbewusst, dass er kein Vertrauen hat, dass sie die Herausforderungen des Lebens meistern wird.

Momo hat einen gewaltigen therapeutischen Auftrag an mich. Er möchte seine Angst und Schwermut zügig ablegen. Hinter großen therapeutischen Zielen steckt oft so viel Arbeit, dass Klienten und Klientinnen schnell frustriert sind. Deshalb arbeite ich gern an konkreten Alltagsbeispielen mit kleinschrittigen Lösungswegen. In diesem Fall nehmen wir die Spielplatzsituation auf und gehen diese Schritt für Schritt durch. Wir sind auf der Suche nach einem entlastenden Verhalten, das positive Erfahrungen ermöglicht.

Um den Teufelskreis der Weitergabe seiner Angst zu unterbrechen, unterstütze ich Momo mit folgenden Ideen:

» **Transparenz**: Momo sollte Greta erklären, dass er als Kind immer Angst hatte auf dem Spielplatz und deshalb keinen Spaß dort hat. Dass er sich aber für Greta wünscht, dass Klettern ihr richtig Spaß macht.

» **Unterstützung**: Momo kann einen Freund bitten, mit ihnen gemeinsam zum Spielplatz zu gehen. Der Freund wird mit Greta klettern gehen. Dieser Freund ist mutig und selbst schon auf viele Türme geklettert. Deshalb wird das Klettern mit ihm richtig Spaß machen. Momo wird den beiden zuschauen, sie anfeuern und von den beiden lernen, wie Klettern Freude bereiten kann.

» **Leichtigkeit**: Momo muss erst einmal lernen, entspannter zu werden. Bis dahin ist er offiziell der »Spielplatzangsthase«.

Transparenz, Unterstützung und Leichtigkeit können für ein dreijähriges Mädchen ein altersgerechtes Lösungsangebot sein. Durch die Erklärung wird Momo für seine Tochter authentisch und bewirkt damit, dass Greta ihren Vater richtig einordnen und fassen kann. Der Freund als Unterstützer ist eine Lösung, um die sich Papa kümmert. Und der Ausdruck »Spielplatzangsthase« verleiht der Situation eine passende Leichtigkeit. Mit diesen drei Komponenten bekommt Greta einen präsenten Vater, der ihr einen sicheren Rahmen bietet – obwohl er sich selbst nicht immer sicher fühlt.

Die familiäre Veranlagung, an einer Depression zu erkranken, kann durch Verhalten, aber auch durch eine genetische Disposition weitergegeben werden. Sind Eltern selbst von einer Depression betroffen, kann es die eigenen Kinder, oft ausgelöst durch ein sogenanntes Life Event, eher treffen. Kann – muss es aber nicht! Auch Marc wurde eine Familiendepression vererbt.

Als Marc mit 18 Jahren zum Studium nach Berlin zieht, soll das der Beginn eines großen Abenteuers werden. Eine kleine WG in Neukölln, in der Großstadt seiner Träume, weit weg von seinen Geschwistern und Eltern. Endlich niemandem mehr Rechenschaft ablegen, das Leben verspricht, eine einzige Party zu werden. Marc genießt das Nachtleben, probiert Cannabis und Alkohol. Gemeinsam mit seinen neuen Freunden pilgern sie in die coolsten Clubs.

Zuerst bemerkt Marc die Veränderungen nicht. Doch nach und nach fällt ihm das Aufstehen schwerer, die Uni wird anstrengender. Beim Lernen lässt seine Konzentration nach. Dann wacht er öfter am Morgen schweißgebadet und mit rasendem Herzen auf. Immer öfter spürt Marc eine so ausgeprägte Angst, dass er die Wohnung kaum noch verlassen kann. Marc wird immer dünner und fahriger. Seine Mutter besucht ihn ein paar Monate nach dem Umzug und ist über den Zustand ihres Sohnes erschrocken.

Die beiden hatten immer eine enge Beziehung, daher dauert es nicht lange, bis Marc seiner Mutter von den Partys und dem Drogenkonsum erzählt. Gemeinsam kommen die beiden zum ersten Termin zu mir. Marc sitzt etwas eingesunken auf dem Sofa und wirkt desorientiert, blass und ohne einen wirklichen Plan, wie er mit seinem Leben weitermachen soll. Marcs Mutter dagegen hat einen klaren Auftrag an mich. Sie möchte, dass ihr Sohn regelmäßig für Gespräche zu mir kommt, dass er aufhört, Drogen zu nehmen, und sein Studium ordentlich weiterführt. Die Tatsache, dass Marc regelmäßig die Therapiesitzungen besucht, soll seine Mutter beruhigen, denn sie vertraut mir, dass ich ihr Bescheid gebe, wenn es Schwierigkeiten gibt. Marc ist mit diesem Wunsch seiner Mutter einverstanden. Ich selbst mache eine Einschränkung: Ich informiere die Eltern nur, wenn Marc es mir ausdrücklich erlaubt. Es wird keinen Informationsaustausch ohne sein Wissen geben. Das ist für eine vertrauensvolle Arbeit zwischen uns Bedingung.

Für mich sind diese ersten (Kennlern-)Familiensitzungen sehr wertvoll. Ich bekomme viele Einblicke in die Familie und kann abtasten, wessen Kompetenzen oder Ressourcen ich, falls nötig, abrufen kann. Marcs Mutter berichtet mir, wie talentiert und einfühlsam ihr Sohn ist. Er hat viele Freunde und spürt immer gleich, wenn es jemandem mal nicht gut geht. Dann ist er auch der Erste, der Hilfe anbietet und sich aufopfernd um den Freund oder die Freundin kümmert. Er macht sich viele Gedanken über den Zustand der Welt und kann stundenlang darüber diskutieren.

Marc wird von seiner Mutter als die sensible Seele der Familie beschrieben. An dieser Stelle vermute ich, dass die besonders starke Reaktion auf den ersten Joint vielleicht auf seine Sensibilität zurückzuführen ist. Besonders sensible, sich noch in der Entwicklung befindende Jugendliche können beim Konsum von Drogen psychotische Symptome entwickeln oder mit ausgeprägten Panikattacken reagieren. Gerade das macht den Konsum von Drogen in diesem Alter so gefährlich. Die Persönlichkeit ist bislang nicht ausreichend gefestigt, und wenn Unsicherheit und Angst mit im Spiel sind, kann ein Drogen-Trip bleibende psychische Schäden hinterlassen.

Nach diesem ersten Termin kehrt Marcs Mutter zurück nach Hause, und für Marc und mich beginnt eine herausfordernde Therapiereise. Marcs Gefühlswelt hat sich durch die depressive Verstimmung so verschlossen, dass er zu Beginn der Therapie keinen Zugriff auf seine Gefühle hat. Er kann kaum unterscheiden, wie es ihm morgens beim Aufstehen geht, woher er die Kraft nimmt, sich zu duschen oder etwas zu essen. Marc wird eher immer müder und erlebt, dass der Cannabiskonsum eine gute Medizin für ihn ist. Mithilfe der Drogen kann er mal abschalten oder einen unbeschwerten Abend mit seinen Freunden verbringen. Doch mit den Wochen und Monaten zieht Marc sich immer mehr zurück. Auch der Joint verliert die gewünschte Wirkung. Er besucht weder die Uni, noch will er Freunde sehen. Den einzigen regelmäßigen Termin, den er noch wahrnehmen kann, ist sein Therapietermin. In dieser Phase der Therapie lernt Marc viele kleine Tools, die ihm bei Angst, Druck und Schwermut helfen.

Er notiert unter anderem jeden Abend in sein Glückstagebuch, was ihm Schönes passiert ist und ob an diesem Tag irgendetwas anders war, das das Schöne möglich gemacht hat. Er führt dieses Tagebuch über zwei Jahre, und es ist heute noch, viele Jahre nach der Therapie, Marcs Schatz. Hierin blättert er, wenn er sich an positive Situationen, Gerüche, Geschmäcker oder gute Freunde und angenehme Momente erinnern möchte, die ihm helfen, sich besser zu fühlen.

Außerdem beginnt er, jeden Morgen ganz bewusst ein Lächeln aufzusetzen, obwohl er sich nicht danach fühlt. Immer wieder zwingt er seine Gesichtsmuskeln und trainiert dieses Grinsen. Manchmal nimmt er sogar einen Stift quer zwischen die Lippen, und mit den Wochen sind sein Gehirn und seine Gesichtsmuskeln auf ein breites Lächeln trainiert. Im Laufe der Zeit entwickelt Marc eine Tages- und Wochenroutine: Jeden Morgen steht er um die gleiche Zeit auf, geht ins Bad und grinst unter der Dusche. Nach einer ersten Tasse Kaffee meditiert er, und anschließend geht er dreimal die Woche joggen. Diese Routine behält Marc über Jahre bei, sie wird zum Schutzmantel gegen die Schwere.

In der akuten Phase seiner Depression vereinbaren wir, dass er sich zweimal die Woche mit seinem besten Freund trifft. Er erklärt seinem Freund, wie es ihm gerade geht, und bittet ihn, dass der Freund bei ihm vorbeischauen soll, wenn er vereinbarte Termine nicht einhält und sich nicht meldet. Dieser Schritt ist enorm wichtig, denn Marc hat niemandem erzählt, wie schlecht es ihm geht. Die Transparenz entlastet Marc und macht ein Helfernetz möglich, das auch die Eltern in der Ferne entlastet. Außerdem lernt er, wie wohltuend es sein kann, um Hilfe zu bitten und diese anzunehmen.

Nachdem wir mit dem Glückstagebuch, dem Lächeltraining, einer morgendlichen Routine, regelmäßigem Joggen und dem Freund als Helfer Stabilität in Marcs Alltag gebracht haben, entsteht ein Raum für die Arbeit mit Marcs Ängsten und der dunklen Wolke, die seit dem Umzug ein fester Bestandteil in seinem Leben geworden ist. Marc schaut sich nun in der Therapie seine Familiensituation an – seine zwei Geschwister und seine Eltern. Hier wird eng zusammengehalten. Jeder kann sich auf den anderen verlassen. Aber jeder Einzelne kämpft immer wieder mit Ängsten und Traurigkeit. Marc stellte irgendwann fest, dass auch sein Vater eigentlich immer etwas bedrückt durchs Leben geht. Seine Mutter versucht, mit fast zu viel Fröhlichkeit, diese Schwermut auszugleichen. Sein Bruder ist schon vor Jahren an einer Depression erkrankt, während seine ältere Schwester zwar »funktioniert«, aber immer große Angst um ihre Kinder hat.

In einer Therapiestunde arbeite ich mit Marc am Familienbrett, das heißt, Marc stellt mit kleinen Holzfiguren, die als Stellvertreter für die einzelnen Familienmitglieder stehen, symbolisch seine Familie auf. Dieses Bild zeigt, wie nahe sie einander sind. Mithilfe von Steinen kann er Gefühle verteilen, die es in der Familie gibt. Wut und Trauer sind Gefühle, die Marc mit kleinen Steinen in der hintersten Ecke symbolisiert. Liebe legt er mit einem mittelgroßen Stein in die Mitte der Familie. Als Symbol für die Familiendepression kommt ein dicker fetter Stein zusätzlich in die Mitte und etwas kleinere Steine für die persönliche Depression hinter jedes Familienmitglied. Das Bild wirkt bedrückend, die gesamte Familie scheint von Depressionen umgeben. Ich frage Marc, was wäre, wenn er seine Depression weglegen könnte. Marc probiert es und erschrickt. Für ihn würde eine wichtige Verbindung zur Familie verloren gehen. Denn ohne die Depression scheint es zunächst nichts Verbindendes mehr zu geben, und das machte ihm Angst.

Marcs Familiengeschichte und die damit verbundene Depressionsgeschichte sind ein Beispiel von »vererbter«, weitergegebener Angst. Denn hier gibt es eine Kriegsgeschichte, die schon bei den Großeltern Spuren von Angst und Schuld hinterlassen hat. Die Großeltern hatten im Zweiten Weltkrieg Eltern und Geschwister verloren und mussten aus ihrer Heimat flüchten. Neben dem großen Trauma von Verlust und Angst fühlten sie immer eine große Schuld, überlebt zu haben. Das hatte zur Folge, dass Marcs Großeltern das Leben nicht als Geschenk, sondern als Bürde empfanden. Diese Gefühle haben die Großeltern ihren Kindern und die wiederum ihren Kindern weitergegeben. Zwar ist die Depression in der Familie schon lange ein Thema. Doch bei Marcs Bruder wurde die Depression bisher nur mithilfe von Medikamenten behandelt. Marc ist der Erste in seiner Familie, der sich, mit einem kleinen Schubs seiner Mutter, die Depression anschaut und verstehen möchte. Die Geschichte hat in dieser Familie ein großes Trauma hinterlassen. In der Zeit der Krise mussten alle funktionieren, um zu überleben. Doch selbst als die Krise längst überstanden war und ein scheinbar normales Leben möglich wurde, hatten sich Schwermut, Schuldgefühl und Trauer längst im Familienleben festgesetzt. Diese Gefühle gaben der Familie auch ein Gefühl von Sicherheit und hielten sie eng zusammen. Wenn dann etwas im System passiert, wie zum Beispiel der Auszug von Marc, wird die ganze »Ordnung« im System zum Wanken gebracht. Dabei braucht es zwischen dem Lebensereignis und der Veränderung im System nicht zwingend eine offensichtliche Verbindung. Durch den Abstand entstand für Marc die Chance, die Depression überhaupt zu betrachten und das Familiensystem komplett infrage zu stellen. Das war für Marc und seine Familie nicht immer einfach. Es war aber auch ein entscheidender Moment in Marcs Entwicklung. Denn in diesem Moment löste er sich von seiner Familie, um sich als Individuum zu erleben und Autonomie zu entwickeln. Regelmäßige Familiengespräche halfen, eine neue Nähe entstehen zu lassen.

Er entwickelte, unterstützt durch die Therapie, ein Bewusstsein für seine Depression und die damit zusammenhängenden Gefühle. Diese Gefühle werden mit Familiengeschichten verbunden und bekommen einen neuen Sinn. Dieses Verständnis und auch die Tools helfen Marc bis heute, der Depressionswolke entgegenzutreten, mit dem Wissen, dass es genug Liebe und Vertrauen gibt, die ihn mit seiner Familie verbinden.

Die Beispiele von Momo und Marc sollen zeigen, dass es immer sein kann, dass sich depressive Verstimmungen oder eine Depression innerhalb der Familie vererben. Daran ist niemand schuld. Aber du bist als Leuchtturm verantwortlich dafür, sensibel zu sein. Du hast es in der Hand, deinem Kind zu helfen. Dabei kannst du deine Expertise in Stimmungsschwankungen und Unsicherheit nutzen und sie offen ansprechen. Bleibe mit einer warmherzigen und offenen Kommunikation im Kontakt mit deinem Kind, finde Lösungen und hol dir Unterstützung in die Familie.

Toolbox: Ängste in der Familie

Dein Kind spürt und übernimmt deine Gefühle. Um es besser davor zu schützen, kann dir Folgendes helfen:

» Selbstreflexion: Erkenne, verstehe und sprich über deine Angst. Klarheit über deine eigenen Angstthemen macht dich im Leben deiner Kinder präsent.

» Du bist eingeladen, über deine eigene Angst auch mal zu lachen (»Spielplatzangsthase«).

» Wähle eine kleine Alltagssituation aus, in der du oder dein Kind Angst hat, und verändere sie in ganz kleinen und sicheren Schritten.

Kleine Tools, die helfen, die Schwere deines Kindes zu vertreiben:

» Glückstagebuch: Notiert (auch gemeinsam) hier alles Schöne, was an einem Tag passiert ist.
» gemeinsame Gesichtsübungen oder Gesichtsyoga, um das Lächeln und Lachen zu trainieren
» regelmäßige Bewegung: jede Art von Sport, Laufen und Fahrradfahren

Morgenrituale für einen leichteren Start in den Tag:

» feste Uhrzeiten fürs Aufstehen, Frühstück und Badezimmer
» gemeinsam einen Tee oder Kaffee trinken
» kleines Frühstück: Kekse, Müsli oder Obst. Bestehe nicht auf große Portionen. Das gemeinsame Zusammenfinden in der Küche am Morgen vermittelt ein liebevolles Umsorgen und Beharrlichkeit.

Die positiven Seiten der Angst

Angst gehört zu unseren Grundgefühlen. Ohne sie würde es die Menschheit wohl kaum noch geben. Angst lässt uns Gefahren wittern und wirft unsere Schutzmechanismen an. Deshalb möchte ich gleich hier festhalten: Wenn du Angst spürst, freu dich, dieses Gefühl gehört zu dir wie Wut, Freude oder Trauer.

Um gut durchs Leben zu kommen, sollten wir es schaffen, unsere Gefühle in einer guten Balance zu halten. Doch leider geraten wir im Leben in herausfordernde Situationen, in denen eine Balance kaum bis gar nicht möglich ist, und dann passiert es leicht, dass Gefühle wie Angst die Macht übernehmen. Das heißt, wenn dein Kind Ängste entwickelt, kann es passieren, dass auch du Angst davor bekommst, was mit deinem Kind und deiner Familie geschieht. Das heißt, es wird immer dann besonders schwierig, wenn du Angst vor der Angst hast.

Emma ist zwölf Jahre alt und eine zarte Person. Sie ist mit ihrer Mutter Laura in meine Praxis gekommen. Emma sitzt in sich zusammengesunken und dicht an ihre Mutter gedrückt auf dem großen Sofa. Laura erzählt, dass Emma immer Angst hat. Angst, allein zur Schule zu gehen, neue Freunde kennenzulernen oder allein im Supermarkt einzukaufen.

Laura versucht, Emma zu unterstützen, und spricht ihr ständig Mut zu. Sie glaubt an ihre Tochter, ist sich sicher, dass Emma einen kurzen Fußweg auch allein bewältigen kann. Immer wieder unterbreitet sie Lösungsvorschläge und versteht nicht, warum ihre Tochter so ängstlich ist. Die Mutter beschreibt die Angst wie eine Wolke, die über der ganzen Familie hängt. Vieles im Familienalltag kommt zum Stocken, wenn sich Emmas Angst zeigt.

Laura berichtet von Ausflugsplänen mit der ganzen Familie, die oft zu Streit führen. Denn für Emma ist es eine Katastrophe, wenn Bustouren und unbekannte Ziele auf dem Programm stehen. Sie will dann auf keinen Fall mitkommen. »Warum bleibt sie nicht einfach zu Hause?«, frage ich nach. Unsicher schaut mich Laura an, na ja, das würde Emma auch nicht wollen. Und wenn Emma in so einer Situation wütend und ängstlich wird und dann auch noch viel weint, ist Laura sich nicht mehr sicher, ob es eine gute Idee ist, ihre Tochter allein zu Hause zu lassen.

Das ist der Moment, in dem klar wird, dass Laura Angst vor der Angst ihrer Tochter bekommt. Und das verunsichert sie. Sie spürt ihre eigene Hilflosigkeit. In ihrem Kopf beginnt ein Gedankenkarussell: Was ist gut für Emma? Schafft sie es allein? Soll sie mitkommen oder zu Hause bleiben? Können wir nicht einfach in Ruhe das Haus verlassen? Und was ist eigentlich mit Emma los?

Lauras Angst und die damit verbundene Verunsicherung verursachen, dass sie als Leuchtturm in Treibsand gerät. Diese Ohnmacht spürt auch Emma, und das verstärkt wiederum deren Angst. Kinder haben empfindliche Antennen. Sie spüren die Ohnmacht des Leuchtturms und die damit verbundene Unsicherheit ihres Hafens. Doch eins ihrer Grundbedürfnisse ist Sicherheit. Um in den Kontakt mit ihrem Leuchtturm zu kommen, verstärken sie ihre Angst. Denn ihre Angst erregt die Aufmerksamkeit des Leuchtturms. Nun geht der Leuchtturm mit Emma in den Kontakt, und es entsteht eine Verbindung. Deshalb sprechen wir im therapeutischen Kontext davon, dass die Angst ein Beziehungsangebot ist, denn diese Beziehung ist mithilfe der Angst eingefordert worden. Doch der Leuchtturm steht in der Verantwortung, für Sicherheit und Orientierung zu sorgen. Also muss er seinem Boot vermitteln: »Wir sind sicher. Ich übernehme und zeige dir, für welche Richtung wir uns entscheiden.«

Ich erlebe immer wieder, dass Menschen mit dem Wunsch zu mir kommen, dass sie ihre Angst loswerden möchten. »Ich will einfach keine Angst mehr haben!« Diesen Auftrag kann ich so nicht annehmen. Als systemische Therapeutin bin ich überzeugt, dass wir unsere Angst brauchen und im Grunde sogar mögen. Oft begleitet dich die Angst schon viele Jahre und ist wie eine beste Freundin, die manchmal sehr nerven kann, aber du kennst sie gut und fühlst dich mit ihr verbunden. Deshalb willst du sie nicht einfach ziehen lassen.

Daher stelle ich im therapeutischen Setting oft die Frage, wofür die Angst gut ist. Emma kann die Frage sofort beantworten. Ihre Angst *beschützt* sie. Sie geht keine Risiken ein und bleibt so in ihrem sicheren Raum. Mich berührt es immer sehr, wenn es Kindern wie Emma oder Jugendlichen gelingt, Gefühle so klar zu erklären. Um die Fantasie von Emma auch für Laura zu nutzen, hole ich ein paar türkisfarbene Yogakissen in den Raum. Ich führe sie als Angstkissen ein. Jedes einzelne Kissen steht für Angst, und beide sollen sich so viele Kissen nehmen, wie sie benötigen, um ihre Angst zu demonstrieren. Emma greift selbstsicher zu fünf Kissen, und Laura überlegt und wählt erst zwei Kissen, denkt noch mal nach und greift sich langsam noch ein drittes Kissen. Dann bitte ich sie, ihre Angst genau dort hinzulegen, wo sie sie am meisten spüren oder brauchen. Emma legt ihre Kissen wie eine kleine Burg um sich herum, sogar im Rücken liegt etwas, und wenn es nicht so komisch aussehen würde, würde sie sich wohl noch ein weiteres Kissen auf den Kopf legen.

Laura hält ein Kissen fest vor den Bauch, die anderen zwei liegen eng neben ihr auf dem Sofa. Ich frage beide, wie sich die Angst so eng am Körper anfühlt? Emma beschreibt, wie viel Sicherheit ihr die Burg gibt und kuschelt sich ein wenig in ihre Kissen.

Laura erzählt, wie gut sich das Kissen vor dem Bauch anfühlt. Wenn sie das Kissen hier wegziehen würde, würde sie sich sehr verletzlich fühlen. Sie schaut liebevoll auf Emmas »Angstburg« und sagt: »Leider sehe ich Emma kaum unter all der Angst.«

Das macht beide etwas traurig.

Ich fordere die beiden auf, ihre Angst anders zu positionieren und zu schauen, wie es sich anfühlt, wenn die Kissen auf eine andere Weise gestapelt sind. Und tatsächlich, sobald die Kissen anders liegen, haben Mutter und Tochter einen besseren Blick aufeinander – ohne dass sie ihre Angst aufgeben müssen. Die Angst liegt nur etwas an der Seite, und trotzdem fühlt es sich weiter sicher an.

Die Erfahrung »Ich kann entscheiden, wie ich die Kissen lege, wie ich sie brauche und wo sie mir gerade guttun« bedeutet übersetzt, dass wir unsere Angst beeinflussen können. Wir können uns, wie mit unserer besten Freundin, mit ihr verbünden. Entscheiden, wie viel wir gerade von ihr brauchen und wann sie nicht notwendig ist.

Um dieses Erlebnis zu verstärken, bitte ich beide aufzustehen und sich ihre Angstkissen gegenseitig zuzuwerfen. Eine Kissenschlacht mit der Angst! Es wird immer lockerer und lustiger, und ich ermuntere Emma dazu, die Angst ihrer Mutter immer schön wieder zu dieser zurückzuwerfen. Und so rufen die beiden sich gegenseitig zu: »Hey, gib mir meine Angst zurück!« und »Deine Angst will ich gar nicht!« Die Angst bekommt eine erfrischende Leichtigkeit.

Nach der Kissenschlacht nehmen sich Laura und Emma vor, in Zukunft immer mal ein Kissen zu Hilfe zu nehmen. Sie wählen zu Hause ein großes Angstkissen aus. In einem Moment der Angst wird dann geworfen, gekuschelt oder auch hineingeschrien. Tatsächlich erzählen sie später, dass ihnen inzwischen schon das Bild von den türkisfarbenen Angstkissen reicht, um sich lachend anzuschauen und sich gegenseitig zu erinnern, dass es entweder Zeit für eine Kissenschlacht ist oder die Angst in die Ecke gelegt wird.

Was in dieser Übung passiert, heißt im therapeutischen Sprachgebrauch »die Angst zu externalisieren«. Was so viel bedeutet, wie die Angst nicht mehr allgegenwärtig im Körper zu spüren, sondern sie nach außen zu verlegen. Dafür empfehle ich verschiedene Tools:

» **Glücksstein und Igelball**: ein kleiner Stein, gesammelt am Strand, oder ein handlicher Kristall, der Platz in der Hosentasche findet. Der Stein oder auch eine Muschel können Erinnerungen an einen besonders schönen Moment wecken und positive Energie in sich tragen. Sobald sich die Angst anschleicht, nimmst du den Lieblingsgegenstand in die Hand, reibst und drückst kräftig daran. Dabei trickst du das Gehirn aus, es wird von der angeblichen Gefahr abgelenkt und beruhigt sich. Ein Igelball aus dem Sanitätshaus löst, kräftig gedrückt, einen ähnlichen Effekt aus.

Der Igelball und der Glücksstein sind treue Helfer bei Prüfungsängsten und kleinen Blackouts während einer Prüfung. Sie können während einer wichtigen Arbeit intensiv gedrückt werden und bringen dich damit wieder ins Hier und Jetzt.

- **Körperübungen**: Für eine Vielzahl von Körperübungen empfehle ich, ab zehn Jahren aufwärts, gern das Kartenset »Ich schaf(f) das!« Auf diesen Karten erklärt ein Schaf, was Angst und Stress in unserem Körper auslösen. Außerdem hält das Schaf großartige Körperübungen bereit. Tatsächlich nutzen Jugendliche bis circa 18 Jahren gern diese Karten. Sie helfen, Leichtigkeit und Lachen in schwierige Situationen zu bringen.

- **Gefühle besprechen**: Für die Entdeckung von Gefühlen empfehle ich sogenannte Gefühlskarten. Dabei machen die Gefühlsmonster für Kinder bis zwölf Jahren besonders viel Spaß. Mit diesen Karten könnt ihr spielerisch über Gefühle sprechen. Zum Beispiel helfen die Bilder, dein aktuelles Gefühl zu spiegeln, und du kannst dir ein Gefühlsmonster aussuchen, dessen Gefühl du sehr gern haben möchtest und eines, welches du gar nicht magst.

Angst bremst Abläufe aus

Die Externalisierung der Angst mithilfe von Kissen hatte die Beziehung zwischen Mutter und Tochter zunächst gestärkt. Als nächsten Schritt möchte die Familie nun der Angst die Stirn zeigen und ihre ritualisierten Abläufe durchbrechen. Wenn der Leidensdruck groß ist und Eltern motiviert sind, etwas zu ändern, wollen sie meist alles sofort ändern. Der Wille zur Veränderung ist großartig, doch große Schritte entmutigen schnell. Es braucht realistische, kleinschrittige Lösungen, die für alle Familienmitglieder gehbar sind. Und nur sie können entscheiden, für welchen kleinen Schritt sie genug Energie und Klarheit aufbringen können.

Viele Familien kennen Angst als einen ritualisierten, fast zwanghaften Ablauf. Zwanghafte Abläufe sind für ängstliche Kinder ein Lösungsweg, die Welt für sich einzugrenzen und damit etwas sicherer zu machen. Wie zum Beispiel die Zubettgeh-Situation, die bei ängstlichen Kindern nach einem strengen Ablauf erfolgen und bei der kleinsten Abweichung wieder von vorn durchgespielt werden muss. Geschieht das nicht, reagieren sie oft mit Angst und Verzweiflung. Das kann dazu führen, dass dieses Ritual sich über Stunden hinzieht. Oder wie bei Emma, deren Angst vor unbekannten Ausflugszielen die ganze Familie beeinträchtigt. In beiden Situationen können Strukturen und Unterstützung, die im Vorfeld genau geplant werden, helfen.

Am Beispiel von Emmas Angst möchte ich hier noch ein mögliches Vorgehen zeigen.

Im Vorfeld nehmen sich Emmas Eltern die Zeit, in Ruhe die Ausflugssituation zu besprechen, die schwierigen Momente zu analysieren und sich dann zu überlegen, wie sie damit neu umgehen möchten. Als Erstes klären sie die für (Mutter) Laura wichtige Frage, wie wichtig es ihnen ist, dass Emma jedes Wochenende an den Familienausflügen teilnimmt. Sie einigen sich darauf, Emma immer miteinzuplanen, und damit sie mehr Zeit bekommt, sich auf den Ausflug mental vorzubereiten, besprechen sie das Ausflugsziel immer schon donnerstags mit allen Kindern beim Abendessen. Dabei kündigen sie an, dass sie ab sofort nicht mehr wegen des Ausflugs streiten werden. Alle Kinder sind eingeladen, am Ausflug teilzunehmen, und es ist den Eltern wichtig, dass auch alle mitkommen. Trotzdem, wer am Samstag entscheidet, nicht am Ausflug teilzunehmen, wird von der Oma abgeholt und verbringt den Tag bei ihr.

Im Gespräch rekapitulieren die Eltern die schwierigsten Situationen mit Emma und stellen fest, dass es immer dann besonders anstrengend ist, wenn sie selbst auch keine große Lust haben. Sie vereinbaren, wer von beiden am Samstagmorgen mit Emma die Diskussion um die Teilnahme führt. Und sie einigen sich darauf, dass Oma als Unterstützerin einbezogen wird. Die Oma hat eine liebevolle Beziehung zu Emma und ist jederzeit bereit, mit ihr einen schönen Tag zu verbringen.

Oft zögern die Eltern, diese Hilfe anzunehmen, weil die Oma immer wieder meint, dass sie zu viel durchgehen lassen und strenger sein müssten. Die Eltern teilen diesen Ansatz nicht und möchten nicht, dass sich Oma an dieser Stelle zu sehr einmischt. Gemeinsam entscheiden sie, dass die Unterstützung nun aber wichtig ist, und sie besprechen mit Oma detailliert, was sie von ihr brauchen und welche Einmischung sie ablehnen. Für Oma steht Emmas Wohlbefinden an erster Stelle, und sie hört den Eltern geduldig zu.

Laura bespricht mit ihr die zeitlichen Abläufe: Laura nimmt sich, statt einer vollen Stunde, nur noch 30 Minuten Zeit, um mit Emma zu diskutieren. Sollte Emma sich weiter weigern mitzufahren, ruft Laura die Oma an und reicht Emma den Telefonhörer. Oma spricht dann zehn Minuten mit Emma und bleibt dabei ruhig und liebevoll. Sollte Emma weiterhin nicht einwilligen, kündigt Oma an, dass sie Emma zu sich holen wird. In der Zwischenzeit wird der Vater sich um die Geschwister kümmern und steht bereit, Laura zu unterstützen, falls sie bemerkt, dass sie im Gespräch nicht die Ruhe bewahren kann. Sie überlegen sich verschiedene Reaktionsmöglichkeiten, die von Emma kommen könnten, und beraten auch hier, wie sie gemeinsam damit umgehen wollen. Da Oma für Emma wichtig ist, gehen die Erwachsenen davon aus, dass sie sich schnell beruhigen wird, weil ihr die Angstanfälle vor Oma eher peinlich sind.

Die Diskussionszeit wird bewusst nicht von 100 Prozent auf Null gekürzt. Das wäre eine zu große Veränderung und auch für die Eltern ein zu großer Schritt und führt in der Regel in eine Überforderung, die unbedingt vermieden werden sollte. Auch hier gilt es zu bedenken: Verändere nur so viel, wie du glaubst, präsent bleiben zu können.

Am Morgen des Ausflugstages stehen die Eltern etwas früher als die Kinder auf und trinken gemeinsam ihren Morgenkaffee. In dieser halben Stunde nehmen sie sich die Zeit, ihre eigene Stimmung und ihren Energiepegel zu reflektieren. Auch Emma und ihre Geschwister sollen an Ausflugstagen etwas früher als gewohnt aufstehen. Bisher haben die Kinder bis kurz vor Abfahrt geschlafen und mussten sich dann beeilen, noch schnell ein Brötchen greifen, dann ging es los. Um den Zeitdruck aus einem Wochenendtag zu nehmen, versuchen sie nun, eine Stunde vorher aufzustehen, den Morgen gelassener zu beginnen, und etwa 20 Minuten vor Abfahrt geben die Eltern ein Zeichen, dass es nun Zeit ist, sich fertig zu machen. Die Zeitansage schenkt den Kindern Struktur und lässt sie sicherer in den Tag starten. Sie bekommen eine neue Orientierung und können sich innerlich auf die Abläufe einstellen. Die klaren Zeitangaben dämmen auch die Angst ein; sie tobt nicht mehr für mindestens eine Stunde in der Familie, bis alle völlig erschöpft sind, sondern nur noch 15 Minuten.

Wenn Eltern sich so akribisch auf Angstsituationen vorbereiten, passiert oft Überraschendes, die Familien geraten bedeutend weniger in eskalierende Situationen. Alle Kinder spüren die Klarheit, die Präsenz ihrer Eltern, und Kinder wie Emma brauchen dann nicht mehr mit Angst zu reagieren.

Sollte Emma trotzdem in die Angstkrise einsteigen, wird Oma, wie verabredet, nach einer halben Stunde angerufen. Diese telefoniert genau zehn Minuten ruhig mit Emma. In diesen Minuten bespricht die Oma mit ihrer Enkelin, dass sie kommt und Emma abholt. Sie macht ihr klar, dass Emma sich auch nicht mehr umentscheiden kann, sobald sie losgefahren ist. Diese bei allen beteiligten Erwachsenen zu spürende Deutlichkeit stärkt ihre Haltung und macht alle drei zu Leuchttürmen, die fest in ihrem Fundament stehen.

In den nächsten Wochen wiederholt die Familie diese Abläufe, nur die Zeiten für die Entscheidungen werden immer mehr verkürzt. Das heißt, die Eltern reagieren in immer kürzeren Abständen und warten nur noch wenige Minuten, bevor sie handeln. Die Regelmäßigkeit und das konsequente Verhalten der Erwachsenen helfen Emma, sich an den Ausflugstagen sicherer zu fühlen, und sie kommt immer öfter mit.

Die Panikattacke

Angst soll nicht aus deinem Leben oder dem Leben deines Kindes verbannt werden, es ist sinnvoll zu verstehen, wie sie sich anfühlt, wann sie sich anbahnt und was es braucht, um die Angst nicht zu groß werden zu lassen.

Gibst du aber der Angst deines Kindes freie Bahn und denkst womöglich noch, ich kann ohnehin nichts machen, dann wird sie immer größer. Das kann dann wie bei Emma zu Rückzug, Weinen und Wut führen, aber es kann sich auch zu ausgeprägten Panikattacken entwickeln. Bei einer Panikattacke befindet sich dein Kind im absoluten Alarmzustand. Es verliert jegliches Kontrollgefühl über den Körper. Eine Panikattacke kann von Zittern, starkem Weinen, kaltem Schweiß, Schwindelgefühl, Brustschmerzen bis hin zu Atemnot und schnellem Puls geprägt sein. Viele Menschen beschreiben, wie sie bei einer Panikattacke komplett die Kontrolle über sich verlieren. Es ist, als ob eine andere Macht übernimmt, bis hin zu dem Gefühl, die Attacke nicht zu überleben, weil das Herz zu schnell schlägt oder kein Sauerstoff mehr in die Lungen kommt.

Panikattacken treffen dein Kind in der Regel unvorbereitet. Und gerade, weil es so schwer einzuschätzen ist, wann so ein überwältigender Angstanfall wiederkommt, erhöht sich die Angst davor und kann den Alltag noch mehr lähmen. Umso wichtiger ist es, dass sowohl Leuchtturm als auch Boot gut auf Angst- oder Panikattacken vorbereitet sind:

» **Ruhe bewahren:** Bemerkst du die Angst bei deinem Kind, solltest du in diesem Moment nicht versuchen zu verstehen, was die Angst gerade ausgelöst hat. Das muss warten. Auch ungeduldige Sätze, wie »Es ist doch nichts, jetzt beruhige dich mal« sind nicht hilfreich. Aber du kannst geduldig und präsent erklären, dass alles in Ordnung ist, dass die Angst vorbeigeht und du so lange bleibst, wie es nötig ist.

» **Körpergefühl stärken:** Kleine Übungen können helfen, den Körper wieder zu spüren und sich so von der Panik abzulenken und zu beruhigen. Ein Glas kaltes Wasser zu trinken oder einen scharfen Geruch einzuatmen kann hilfreich sein. Auch Atemübungen, mit den Beinen kräftig auf den Boden stampfen oder auf die Oberschenkel klopfen kann guttun. Mit dem Daumennagel in den Zeigefinger zu drücken löst einen leichten Schmerz aus, der das Gehirn von der Angst ablenkt.

» **Transparenz und Unterstützung:** Panikattacken in der Öffentlichkeit oder auch mit Freunden sind besonders schwer auszuhalten. Neben der großen Angst spielt auch Scham hier eine große Rolle. Einige Jugendliche vermeiden genau aus diesem Grund große Menschengruppen oder verlassen das Haus nur ungern. Doch wenn die Teenager erleben, wie positiv sich Transparenz auswirkt, können sie wieder versuchen, einen Schritt nach draußen zu wagen. Deshalb ist es wichtig, eine aufsteigende Attacke – sofern es noch möglich ist – seinem Umfeld anzukündigen: »Ich spüre, meine Angst kommt hoch, eventuell muss ich mich gleich hinsetzen und brauche ein Glas Wasser.« Zu erleben, wie Freunde dann unterstützen, hilft, weniger Angst vor der Angst zu haben.

Für eine Angstattacke empfehle ich dir, gemeinsam mit deinem Kind einen Notfallplan zu überlegen. Je gründlicher Angstsituationen in entspannten Zeiten besprochen und vorbereitet werden, desto eher können diese einen leichten Verlauf nehmen.

Toolbox: Angstattacken

Gebt der Angst ein Gesicht und betrachtet sie wie eine alte Freundin, die manchmal zu Besuch kommt. Überlegt euch:

- Wer unterstützt?
- Was hilft?
- Vereinbart die richtige Körperübung.
- Habt einen Glücksstein oder Igelball parat.
- Welches Getränk oder welcher Duft sind hilfreich?

Struktur bedeutet Sicherheit

Wenn Familien sich in Krisen befinden, gehen eingespielte Rituale oder auch Alltagsstrukturen schnell verloren. Du hast Stress bei der Arbeit und schaffst es nicht mehr regelmäßig zum Familienessen. Oder du kümmerst dich um deine kranken Eltern und bist morgens so gerädert, dass du es nicht schaffst, mit deinem Kind noch einen Tee zu trinken. Lieber bleibst du noch ein paar Minuten liegen. Es fehlt dir die Kraft für eine starke Präsenz, deine Grenzen verwischen, und obwohl es dich ärgert, lässt du vieles durchgehen.

Die Zeit der Lockdowns in der Pandemie ist ein Paradebeispiel dafür, was geschieht, wenn Leuchttürme vom Alltag überfordert sind. In dieser Zeit verloren die Tage für viele Familien ihren gewohnten Rhythmus. Selbst kleine Ankerpunkte fanden kaum statt. Und auch die angenehmen Entschleunigungsphasen bauten mit der Zeit eingespielte Strukturen ab.

Dabei sind Alltagsstrukturen wie ein Gerüst, das alles zusammenhält und wertvolle Orientierung gibt. Strukturen geben vor, was als Nächstes dran ist. Strukturen begrenzen. Im Hafen sind es die festen Anlegeplätze für jedes Boot und die klaren Ablaufregeln. Fehlen diese Strukturen über einen längeren Zeitraum, fehlen Heranwachsenden Grenzen. Und oftmals löst die dadurch erfahrene Unsicherheit bei vielen eine diffuse Angst aus, die sich festsetzt und sich gar nicht so leicht verscheuchen lässt.

Während der Coronazeit habe ich Familien, die ihre Strukturen im Lockdown verloren haben, empfohlen, einen Wochenkalender zu führen. Dabei war mir wichtig, dass jede Aktivität mit einer Uhrzeit erfasst wird. Frühstück, Lernen, Kochen, Freunde anrufen, Spazierengehen, Schlafenszeit – für alles gab es einen Termin mit Uhrzeit im Kalender, aufgehängt in der Küche und gut sichtbar für die ganze Familie. Ein Wochenkalender gab vielen Familien ihre Orientierung zurück. Der Tag war nicht mehr verloren, das Abhaken der einzelnen Punkte gab ein Gefühl von Selbstwirksamkeit, und niemand stand hilflos in der Küche und musste überlegen, ob erst Kochen oder doch erst der Anruf an die Freundin dran ist.

Große Familienkalender sind auch im pandemiefreien Alltag sinnvoll. Damit entsteht ein sicherer Rahmen, der die Welt übersichtlich erscheinen lässt. Auch beim Lernen helfen solche Strukturen: Lernpläne und To-do-Listen können Angstattacken vor Klausurphasen verhindern.

Struktur und gute Vorbereitung helfen auch Suse inzwischen in vielen Lebenssituationen.

Suse kämpft täglich mit ihrer Angst. Ihre Angst ist besonders mächtig, wenn sie neue Wege gehen möchte. Wie zum Beispiel nach ihrem Schulabschluss. Mit ihren guten Noten möchte sie eine Ausbildung beginnen. Sie hat auch einen klaren Berufswunsch und wünscht sich dafür einen Termin bei der Ausbildungsberatung, aber die Angst blockiert den Gang dorthin.

Suse fürchtet, sie könnte etwas Wichtiges im Gespräch vergessen oder bestimmte Erwartungen nicht erfüllen. Dieser Gedanke stresst sie in einem Ausmaß, dass sie nachts nicht schläft. Schon der Gedanke an eine Terminvereinbarung nimmt ihr die Luft zum Atmen.

In ihren Therapiestunden hat Suse für sich einen Weg gefunden, solche Termine besser zu meistern. Sie braucht eine gute Vorbereitung vor wichtigen Gesprächen. Sie schreibt sich eine Liste von wichtigen Fragen auf und notiert sich alle relevanten Informationen über ihre Person. Außerdem schreibt sie sich einen kleinen Merksatz an den Anfang ihrer kleinen Liste: »Ich schaffe das und ich habe jetzt keine Zeit für meine Angst!«

So vorbereitet, schafft sie es zum Beratungstermin. Die Angst begleitet sie, aber sie verhindert nicht den Termin. Im Termin erzählt Suse dem Berater von ihrer Angst und wie sehr diese ihr Weiterkommen behindert. Der Berater der Jugendberufsagentur zeigt großes Verständnis und verspricht Suse, sie bei weiteren Terminen zu unterstützen. Tatsächlich ruft er seitdem regelmäßig an und fragt nach, ob Suse den nächsten Termin wahrnimmt oder Unterstützung beim Schreiben ihres Lebenslaufes braucht. Suse fühlt sich nicht mehr allein und mit jedem weiteren Termin, den sie bewältigt, wird sie selbstsicherer und kommt ihrem Lebenstraum nach einem eigenständigen Leben näher.

Toolbox: Alle Sinne aktivieren

Besonders in den Wintermonaten, bei fehlender Sonne und Bewegung an der frischen Luft, häufen sich die depressiven Symptome. Mit folgenden Tools kannst du auch bei trübem Wetter alle Sinne anregen:

» Finde gemeinsam mit deinem Kind heraus, welcher Duft oder welches Essen ein Lächeln in sein Gesicht zaubern kann.

» Wählt eine Duftkerze für gemütliche Nachmittage oder einen Lieblingstee.

» Bereite regelmäßiges Essen vor, auch Zwischensnacks. Geht gemeinsam einkaufen, damit dein Kind eingebunden ist und lernt, sich auch selbst gut zu versorgen.

» Viele frische Kräuter und Gewürze stimulieren die Geschmacks- und Geruchssinne. Das Lieblingsessen erinnert an schöne Momente.

» Eine warme Badewanne mit einem Lieblingsduft hat schon viele entspannt.

» Musik berührt die Seele. Gemeinsam Musik hören, laut singen und wild tanzen ist befreiend. Stellt eine gemeinsame Playlist zusammen, die ihr für schwermütige Momente dann bewusst auswählt.

» Die regelmäßige Anwendung einer Tageslichtlampe oder Rotlichtlampe kann Glücksgefühle auslösen.

Persönlichkeitsentwicklung und Krise

Um ein tieferes Verständnis für die Entwicklung von schweren Krankheitsbildern herzuleiten, möchte ich im folgenden Abschnitt einen Blick zurück in die Kleinkindphase werfen. In der Trotzphase des Kleinkindes wirkt die gleiche elterliche Präsenz wie in der Pubertät. Für Kleinkinder gilt oft noch ein sogenannter Welpenschutz, der Eltern verständnisvoller für herausforderndes Verhalten sein lässt. Deshalb kehren wir für einen Moment in die Kleinkindphase zurück: In der Trotz- oder Autonomiephase von Kleinkindern erleben wir die emotionale Entwicklung, in der der eigene Wille erwacht. Jeder erinnert sich wahrscheinlich noch gut an Situationen, in denen die Kleinen morgens vor dem Kindergarten einen Wutanfall bekamen, an das schreiende Kleinkind vor dem Süßigkeitenregal im Supermarkt und an die Menschen um einen herum, die das Ganze kopfschüttelnd beobachteten.

Diese Autonomiephase beginnt im Alter zwischen zwei und drei Jahren und kann sich bis zum Alter von sechs Jahren hinziehen. Dein Kind liebt es, in den Kindergarten zu gehen. Es beginnt, seine Freunde selbst zu wählen, und du erlebst seine ersten Wünsche nach Privatsphäre und einen deutlichen Ausdruck seiner eigenen Meinung. Der Wunsch nach Eigenständigkeit wird größer, viele Alltagsherausforderungen wie Anziehen, Zähneputzen, allein das Klettergerüst hochklettern wollen allein geschafft werden. Und obwohl dein Kind immer selbstständiger wird, sich täglich auf die Kita freut und seinen eigenen Kopf hat, ist die Welt da draußen unendlich groß und furchteinflößend.

Deshalb braucht es dich als Leuchtturm, der unterstützt, Grenzen setzt und Werte und Regeln aufstellt, die die Welt für dein Kind wieder etwas kleiner und übersichtlicher machen. Denn die Bedürfnisse nach Sicherheit, Bindung, Wärme und Liebe sind groß.

Das heißt, Kinder brauchen einen verlässlichen, klaren Leuchtturm. Einen Leuchtturm, der in dieser großen Welt Orientierung gibt. Dabei können die Prinzipien der New Authority ein Leitfaden sein. Der präsente Leuchtturm ist entscheidend für die gesunde Entwicklung des Kindes. Schon in der Trotzphase kann ein Kind aufgrund von unsicheren Eltern Ängste entwickeln. Eine Rückbesinnung der Eltern auf die eigenen Grenzen, Selbstkontrolle und wachsame Sorge führen zu einer sicheren Beziehung zwischen Kind und Eltern – zu jedem Zeitpunkt ihres Lebens.

Wenn wir uns die klassischen Empfehlungen für die Trotzphase anschauen, wird schnell klar, dass wir sie auch für die Pubertät einsetzen können:

» **Grenzen setzen:** Als Leuchtturm kennst du deine rote Linie. Dieses Bewusstsein verhilft dir in schwierigen Situationen zur Klarheit. Bei einem Kleinkind heißt das zum Beispiel, dass ich weiß, wie lange ich einen Wutanfall aushalte oder wie viele Süßigkeiten ich erlaube. Bei Teenagern hilft die rote Linie zum Beispiel bei der Entscheidung, welche Wortwahl du am Esstisch duldest, um wie viel Uhr dein Kind abends zu Hause sein sollte oder wie viel Medienzeiten du für richtig hältst.

» **Klare Regeln:** Sie helfen dir zum Beispiel, dein Kleinkind rechtzeitig ins Bett zu bringen, die Zähne regelmäßig zu putzen oder die Regel durchzusetzen, dass nicht gehauen wird. Bei deinem Teenager helfen Regeln zum Beispiel für die Aufgabenverteilung von Haushaltspflichten, Zimmer aufräumen und Hausaufgabenzeiten sowie natürlich für den Umgang mit Alkohol und Drogen bei dir zu Hause.

» **Rituale und eine sichere Tagesstruktur:** Beides gibt dir und deinem Kleinkind Sicherheit im Tagesablauf. Immer wiederkehrende Abläufe sind für die Kinder vorhersehbar und schenken Sicherheit. Feste Strukturen verhindern, im Alltagschaos in Treibsand zu geraten. Mithilfe von Ritualen kannst du Ruhe in Situationen hineinbringen und sie helfen, sich nicht in Müdigkeit und Überforderung zu verlieren. In der Pubertät haben Rituale etwas besonders Verbindendes. Dabei helfen Teenagern ritualisierte Familienessen und/oder Familienzeiten. Oder auch über das Jahr verteilte Aktivitäten, wie ein gemeinsamer Urlaub oder Sportaktivitäten.

» **Wachsame Sorge:** Viele kennen sicherlich folgende Situation: Dein Kind wird wütend, und du lässt es wütend sein, weil du seinen Frust irgendwie verstehen kannst. Jetzt steigert es sich allerdings so in seine Wut hinein, dass es aggressiv wird und dich haut. Unter wachsamer Sorge verstehe ich, dass du spätestens ab dem Zeitpunkt des Hauens eingreifst und dich und dein Kind vor Verletzungen schützt. Genauso handelst du auch bei Themen wie Medienkonsum, Ernährung, Toben auf dem Spielplatz und Körperhygiene. Bei Teenagern unterscheidet sich die wachsame Sorge kaum zum Kleinkind. Auch hier sind Ernährung, Medienkonsum und Körperhygiene ein Thema. Aber die Gefahren sind vielfältiger. Dabei können Drogenmissbrauch, falsche Freunde, Mutproben und vieles mehr Gründe sein, die das Eingreifen der Eltern erfordern.

Du weißt, worauf es ankommt. Du lässt dein Kind die Welt entdecken, bist wachsam, aber immer im Rahmen der emotionalen und altersgerechten Entwicklung. Wird es zu viel oder gar gefährlich, greifst du mithilfe deiner Klarheit und Präsenz ein.

Die Tatsache, dass du den Kontext der Unzufriedenheit deines Kindes verstehst, nämlich, dass es sich hier um eine wichtige Entwicklungsphase handelt, zu der Frust dazugehört, ermöglicht es dir, gelassen zu bleiben. Und weil dir bewusst ist, was dein Kind von dir braucht, nämlich Verlässlichkeit, Präsenz und Regeln, kannst du dir einen Plan für wiederkehrende schwierige Situationen überlegen.

Trotzphase bedeutet Persönlichkeitsentwicklung

Die nächste Trotzphase steht im Alter von zehn bis zwölf Jahren an und ist besser bekannt unter dem Begriff Pubertät. Auch hier sprechen wir von einer wichtigen Phase der Autonomieentwicklung. Es ist die Phase, in der Jugendliche lernen, sich selbst zu versorgen, die Tage immer selbstständiger zu bewältigen, Lernprozesse eigenständig anzugehen. Sie schließen neue Freundschaften, oft außerhalb des elterlichen Umfelds. Außerdem verändert sich ihr Körper und auch ihre Gefühlswelt. Die Welt fühlt sich anders an. Wie schon erwähnt, ist die Pubertät eine natürliche Entwicklung, um sich abzunabeln und die eigene Identität zu finden. Aber das macht auch Angst – Angst, sich lösen zu müssen, erwachsen zu werden, die alltäglichen Herausforderungen mehr und mehr allein bewältigen und Verantwortung für das eigene Tun und Handeln übernehmen zu müssen. Raus in die große Welt segeln zu wollen und doch nicht sicher zu sein, ob man den Hafen wirklich (schon) verlassen möchte.

Es ist schon fast paradox: Der Mensch geht durch Phasen der Individuation, natürliche Bedürfnisse wie Autonomie, Mut und Selbstbewusstsein sollen sich erfüllen, und gleichzeitig haben wir genau davor Angst. Und wünschen uns in unserem tiefsten Inneren immer noch die Zuwendung, Sicherheit und Liebe unserer Eltern. Dieser innere Konflikt führt oft zu Missverständnissen, die es braucht, um als Jugendlicher zu lernen, wo es sich lohnt, sich von den Eltern abzugrenzen. Doch in dem Moment, in dem der oder die Jugendliche sich dann doch einmal Nähe wünscht, ist er oder sie nicht in der Lage, sie einzufordern. Dafür brauchen unsere Kinder Eltern, die diesen Moment des Bedürfnisses nach Nähe erkennen und immer wieder anbieten.

Diese vulnerable Lebensphase ist schon herausfordernd genug. Geschehen nun noch Lebensereignisse wie zum Beispiel Mobbing in der Schule, viel Streit zu Hause oder ein Umzug, können pubertäre Stimmungsschwankungen leicht kippen und sich fast unbemerkt in große seelische Not umwandeln.

»Ich will meine Kontrolle zurück« – die Essstörung

Manche Jugendliche entwickeln eine starke Angst vor dem nächsten Schritt, autonomer zu werden. Sie sind noch nicht bereit, sich vollends abzunabeln, weil da noch ein Gefühl von Nachnähren bleibt. Diese Jugendlichen verhalten sich teils regressiv, das heißt, sie sehnen sich nach einer elterlichen Fürsorge, aus der sie eigentlich herausgewachsen sind. Sie spüren, dass die eigene Welt ihre gewohnten Grenzen verliert. Das Fokussieren auf das eigene Essverhalten gibt vielen Jugendlichen das Gefühl, in dieser aus den Fugen geratenen Welt Kontrolle zurückzugewinnen.

Während der Pandemie ist die Zahl der an Essstörungen Erkrankten in die Höhe geschossen. Umfragen im Auftrag der Krankenkassen DAK und KKH belegen eine Steigerung bis über zehn Prozent von Krankenhausbehandlungen für Essstörungen.[9] Eine Erklärung dafür kann sein, dass die Welt in einer Form außer Kontrolle geraten ist, dass die Kontrolle des eigenen Essverhaltens etwas Selbstwirksamkeit ins Leben zurückbringt. Aber auch der intensive Konsum von Social Media wird als Grund für Essstörungen genannt. Immer jüngere Menschen konsumieren auf den verschiedenen Plattformen im Netz Bilder von vermeintlicher Perfektion. Durch den fehlenden realen Vergleich während der Isolation entwickelten viele Jugendliche eine verzerrte Körperwahrnehmung und verloren ihren Bezug zu gesunden Körpern.

Die Formen von Essstörungen sind vielfältig und gehen manchmal ineinander über. Neben den Haupt-, Misch- und Sonderformen wie Magersucht, Bulimie und Binge-Eating gibt es noch eine Vielzahl von anderen Erscheinungsbildern von gestörtem oder auffälligem Essverhalten, wie zum Beispiel die Orthorexia nervosa, bei der es sich um eine Fixierung auf gesundes Essen handelt. Auch können die meisten Essstörungen gut verheimlicht werden. Heimliche Fressattacken in der Nacht fallen lange nicht auf, während eine rapide Gewichtsabnahme wie bei Anorexie schnell ins Auge fällt.

Beim Verdacht auf eine Essstörung ist es ratsam, sowohl einen Kinderarzt als auch eine Kinder-/Jugendpsychiaterin einzubeziehen. Eine Essstörung ist oft zu komplex und gerät auch rasch außer Kontrolle, als dass diese allein oder nur mit einem Psychotherapeuten oder einer Psychotherapeutin behandelt werden sollte.

Die vierzehnjährige Paulina ist schmal und immer sehr freundlich. Ihre Eltern machen sich große Sorgen, weil ihre Tochter in den letzten sechs Wochen mindestens fünf Kilo abgenommen hat. Sie isst nur noch kleine Mahlzeiten oder lässt das Familienessen am Abend ganz ausfallen. Oft streitet sich Paulina mit ihrer Mutter, weil diese versucht, sie zum Essen zu zwingen, und das Essensthema die ganze Familie beherrscht. Paulina geht jeden Tag in die Schule, am Nachmittag ist sie müde, macht einen Powernap und setzt sich dann oft bis spät in die Nacht an ihre Hausaufgaben. Das Einzige, was diese Routine unterbricht, ist Sport. Dabei macht sie gern ein Workout im Kinderzimmer oder geht eine Runde joggen.

Lange empfinden Paulinas Eltern den Rückzug ins Kinderzimmer nicht besorgniserregend. Seit Corona sitzen die Kinder viel in ihren Zimmern und lernen für die Schule. Die Mutter arbeitet in Teilzeit und kümmert sich um den Ablauf des Familienlebens. Ihr sind regelmäßige, gesunde Mahlzeiten wichtig. Feste Bestandteile im Familienkalender sind das Fußballtraining der zwei Brüder, Paulina beim Cheerleading anfeuern sowie gemeinsames Lernen. Auch am Wochenende legt die Familie großen Wert auf gemeinsame Zeit.

Paulinas Eltern verstehen nicht, warum sie immer kratzbürstiger wird, nicht mehr viel erzählt und am liebsten nur noch allein in ihrem Zimmer sein möchte. Sie bemühen sich sehr um ihre Tochter, aber diese fühlt sich nicht verstanden und gesehen.

Als ich Paulina kennenlerne, erzählt sie in den ersten Terminen von ihren Freundinnen. Sie sind das Wichtigste für sie und der eigentliche Grund, warum sie sich jeden Morgen aufrafft, um in die Schule zu gehen. Paulinas Freundinnen sind, ähnlich wie sie, sehr leistungsorientiert, und das ständige Vergleichen von Notenergebnissen bestimmt einen Teil ihrer Freundschaft. Irgendwann wird aus dem Wettkampf um die besten Noten ein Wettkampf um die beste Figur. Ihre Freundin Maria hat drei Kilo abgenommen und sieht jetzt so mega aus! Maria genießt die vielen Komplimente. Schnell entsteht eine Art Gruppenzwang. Mehrere Mädchen beginnen abzunehmen. Sie geben sich gegenseitig die erfolgreichsten Abnehmtipps, beraten sich über effektive Sportarten und sprechen über die wunderbaren Komplimente, die sie erhalten.

Eine Essstörung kann wie ein ansteckendes Virus um sich greifen. In der Pandemiezeit, zwischen zwei Lockdowns, als geteilter Unterricht an Schulen stattfinden konnte, bekam ich einen Anruf von der Schulleiterin eines Gymnasiums. Lehrkräfte und Eltern seien völlig verzweifelt, in ihrer Klasse waren alle Mädchen plötzlich viel zu dünn. Es wirkte auf mich, als hätten die Mädchen statt einer wertvollen Freundschaft die Diät als etwas Verbindendes zwischen sich entdeckt, an dem sie festhielten. Denn mit ihrer Essstörung erlebten sie eine ungeheure Selbstwirksamkeit. Was mich beeindruckt hat: Lehrkräfte, Schulleitung und die Elternschaft, sprich die gesamte Schulgemeinschaft, fokussierten sich ab einem bestimmten Zeitpunkt auf diese Mädchengruppen und versuchten alles, um ihnen zu helfen. Die Gemeinschaft hielt plötzlich zusammen.

Essstörung und Depression

Eine Essstörung geht nicht immer, aber oft mit einer Depression einher. Ich erlebe in der Praxis, wie junge Mädchen sich zuerst zurückziehen, ihre Perspektiven verlieren, Ängste und Hoffnungslosigkeit spüren. Sie verzweifeln daran, dass sie keine Idee für ihr Leben haben und das Leben ihrer Eltern entweder ablehnen oder befürchten, den gewohnten Lebensstandard selbst nicht halten zu können. Und irgendwann schleicht sich leise die Essstörung in ihr Leben, und es beginnt ein Zusammenspiel zwischen Essstörung, Traurigkeit und Hoffnungslosigkeit. Eine ungute Mischung von schweren Gefühlen, die kaum abzuschütteln ist.

Wir wünschen uns für unsere Kinder immer nur das Beste. Und so investieren viele Eltern im Rahmen des Möglichen viel Energie in Bildung, Hobbys, Sport und gesunde Ernährung. Der leistungsorientierte Lebensstil ist aber auch fester Bestandteil im Leben vieler Familien. Dabei verlieren wir manchmal aus den Augen, was für die Kinder wirklich zählt.

Ein Grundbedürfnis ist zum Beispiel, dass Kinder geliebt werden wollen. Sie wollen nicht auf der Grundlage ihrer Leistungen, Aussehen und Talente geliebt und bewertet werden. Sie brauchen die Zusicherung, dass sie so, wie sie sind, großartig und liebenswert sind. Doch mit dem zunehmenden Anspruch von Eltern an sich selbst, immer alles perfekt machen zu wollen, ist meine professionelle Beratung manchmal eine Herausforderung. Die Sorge der Eltern ist groß, dass das Kind zu dick oder zu dünn ist, dass die Schulnoten schlechter werden oder es keine Freunde hat. Daraus entwickeln sich heftige Konflikte und Frust in den Familien.

Mit der Kontrolle über das eigene Essverhalten steuern Jugendliche sowohl gegen die eigene Angst als auch gegen die hohen Ansprüche ihrer Eltern. Sie gewinnen die Kontrolle über ihren Körper zurück, aber auch über die Familie. Am Essenstisch dreht sich alles um Paulina und ihr Essverhalten. Damit hat sie die ganze Familie im Griff und kontrolliert auch hier die Situation.

In der Phase des Anschleichens, wenn die ersten Symptome von Rückzug und Hoffnungslosigkeit beginnen und das Essen ein immer größeres Thema wird, erlebe ich, dass Eltern noch etwas ausrichten können, um den Symptomen die Stirn zu zeigen. In dieser Zeit ist es noch mit einer ambulanten Therapie und intensiven Gesprächen zwischen Eltern und Kind möglich, herauszufinden, welche ungestillten Bedürfnisse dahinter verborgen liegen. In einem sicheren Rahmen, wie einem Therapiegespräch, zeigen die Jugendlichen eine große Kompetenz, ihre Not und Bedürfnisse anzusprechen, zum Beispiel die Sehnsucht nach Geborgenheit.

Wenn eine Essstörung aber schon weit fortgeschritten ist und ein junger Mensch die Kontrolle über sein Essverhalten beziehungsweise sein Abnehmen verloren hat, hilft nur noch eine Klinik, um das Gewicht zu stabilisieren.

Bei Paulina bauen ihre Eltern zuerst ein professionelles Helfernetzwerk auf. Die Kinderärztin wiegt Paulina jede Woche und vereinbart mit ihr, welches Gewicht sie stabil halten muss, um eine ambulante Therapie machen und durchhalten zu können. Sobald sie das Gewicht unterschreitet, bespricht sich das Helfernetzwerk, ob Paulina in eine Klinik eingewiesen werden muss. Auch eine Kinder- und Jugendpsychiaterin gehört dazu. Sie führt eine umfangreiche Diagnostik durch und ist auch diejenige, die bei der Suche nach einer Klinik hilft, die Familie über das Krankheitsbild aufklärt und im Austausch mit der Kinderärztin und mir, der Therapeutin, ist. In meinem Arbeitsalltag ist die Kinder- und Jugendpsychiaterin auch der Leuchtturm, der letztendlich entscheidet, wann ein Klinikaufenthalt nötig ist.

Die Vereinbarungen innerhalb des Helfernetzwerkes sind alle transparent mit Paulina kommuniziert. Paulina möchte nicht in die Klinik und ist deshalb motiviert, sich an die Vereinbarungen zu halten und zu kooperieren.

Gemeinsam mit ihren Eltern entwickeln wir Strukturen für den Alltag, um die Familie in ihrem ständigen Kampf ums Essen zu entlasten:

Essen

» Frühstück, Mittag und Abendessen werden zu festen Uhrzeiten eingenommen.
» Morgens und mittags sind 30 Minuten und am Abend eine Stunde eingeplant.
» Vereinbart wird, dass zu jeder Mahlzeit zehn Minuten über Essen diskutiert werden darf. Die übrige Zeit erzählen sich alle etwas von ihrem Tag.
» Zwischenmahlzeiten stellt die Mutter ins Zimmer und gewöhnt sich dabei an, Paulina nur zu fragen, wie es ihr geht oder was sie gerade macht. Sie bleibt auch dann ein paar Minuten im Zimmer, wenn kein Gespräch entsteht.

Quality Time und Liebesgesten

Paulina wünscht sich eigene Zeit mit ihrer Mutter und mit ihrem Vater. Beide Elternteile sind im Alltag gestresst und überfordert, sodass Paulina diesen Wunsch nicht äußert. Sie glaubt, der Wunsch nach Quality Time mit jedem Einzelnen würde die beiden noch mehr überfordern, und sie möchte ihre Eltern vor weiteren Belastungen bewahren. Dabei würde sie sich so gern mit ihrem Vater bei einem Spaziergang unterhalten. Paulina ist neugierig auf den Beruf ihres Vaters oder sein Verhältnis zu seinen Eltern und würde ihm diese Fragen gern stellen. Doch sie braucht eine Einladung ihres Vaters, um Mut zu fassen, mit ihm über all diese Themen ins Gespräch zu kommen.

Auch Gespräche mit ihrer Mutter sind ihr wichtig. Noch lieber würde sie mit ihrer Mutter aber mal in Ruhe zum Yoga gehen. Hier ist Mama entspannt, und keine störenden Geschwister schieben sich dazwischen. Diese Einzelzeiten mit Eltern eröffnen die Möglichkeit, Gespräche zu führen, die helfen, als Heranwachsende die Welt neu zu entdecken, Perspektiven und Ideen zu entwickeln und ein neues Verhältnis zu den Eltern zu bekommen.

Paulina wünscht sich von ihren Eltern auch Kindliches, wie zum Beispiel gemeinsames Spielen oder Keramik zu bemalen. Und auch hieran wird deutlich, wie sie sich zwischen dem Kindsein und dem langsam Erwachsenwerden bewegt. Natürlich wünscht sich ein Teenager auch kindliche Aufmerksamkeit. Spielen macht immer noch Spaß. Und wie schön sind die Momente, in denen nicht gestritten wird, sondern eine leichte, fröhliche Stimmung vorherrscht.

Mit dem Einbauen von Quality Time mit den Eltern und festen Essenszeiten und Tagesstrukturen für Lernen und Freizeit entsteht ein Bewusstsein und Zeit für eine herzliche Kommunikation. Damit kommt man weg vom ständigen Schimpfen und Streiten ums Essen hin zu kleinen Liebesgesten, wie einem Kompliment zum Outfit oder der Feststellung, wie schön es ist, gemeinsam eine gute Zeit miteinander zu verbringen.

Tagesstruktur

Paulinas Eltern vereinbaren mit Paulina, wie lange sie am Nachmittag lernen soll und wann Schluss ist. Und sie verhandeln, was nach dem Lernen stattfindet – wie oft chillen im Bett okay ist und wann es Zeit ist, aus dem Zimmer zu kommen und Freunde zu treffen oder etwas anderes zu unternehmen. Dieses Durchplanen hilft, um aus dem mentalen Loch herauszufinden.

Wachsame Sorge

Solange Paulina zu dünn ist, bleibt das Regelwerk bestehen. Sobald Paulina ein bestimmtes Gewicht erreicht hat und dieses auch hält, können die Eltern Vertrauen haben, dass Paulina es wieder schafft, ihren Körper mit allem zu versorgen, was er braucht, um gesund zu bleiben. Dann würde Paulina weniger kontrolliert werden, dürfte wieder Sport machen, und die ständige Diskussion übers Essen mit ihrer Mutter hätte ein Ende.

Unterstützung

Außerdem vereinbaren die Eltern mit Paulina, dass sie sich Unterstützung holen werden. Die Tante, zu der Paulina eine liebevolle Beziehung hat, wird immer dann angerufen, wenn der Streit ums Essen zu eskalieren droht. Dann soll Paulina ihrer Tante am Telefon erklären, warum sie gerade nicht essen möchte.

Damit verändert sich die Streitkultur in der Familie. Oft verliert Paulinas Mutter die Geduld in den Essenssituationen. Doch ab sofort steht sie damit nicht mehr allein da. Und die Tante, die auch eine andere Beziehung zu ihrer Nichte hat, kann mit ihrer ruhigen Art, die bislang nicht durch das ständige Streiten aufgerieben ist, beruhigen.

Die Schlüsselbegriffe der New Authority – Selbstkontrolle, Selbstfürsorge, Unterstützung und Beharrlichkeit – sind Leitlinien für herausfordernde Familiensituationen:

» **Selbstkontrolle:** Ich gebe Eltern gern den Gedanken mit: »Es gibt nur einen Menschen, den ich kontrollieren kann, und das bin ich!« Dieser Gedanke hilft in eskalierenden Situationen, wie zum Beispiel in einer Diskussion ums Essen. Schnell kommt es zu persönlichen Beleidigungen und Anschuldigungen von Seiten der Teenager wie »Ihr liebt mich nicht!« oder »Keiner versteht mich hier!« Das kann auch Eltern im ersten Moment verletzen und sehr wütend machen. Hier ist es entscheidend, die Vorwürfe nicht persönlich zu nehmen. Dann ist es für Eltern möglich, die Not hinter den Vorwürfen zu erkennen und die Teenagerin bei ihren eigenen Emotionen abzuholen.

» **Selbstfürsorge:** Um die Selbstkontrolle zu wahren und in schwierigen Situationen sicher zu handeln, brauchen Eltern eine regelmäßige Selbstfürsorge und enge Absprachen mit dem Partner oder der Partnerin. Dies gibt Eltern die innere Kraft, in herausfordernden Momenten trotzdem ins Kinderzimmer zu gehen und dort fünf Minuten mit einer Tasse Tee zu sitzen und nicht die Nerven zu verlieren, wenn dein Kind dich wegschicken möchte oder anpöbelt.

» **Unterstützung:** Aber auch die Wirksamkeit der unterstützenden Familienmitglieder (hier: die Tante) sollte nicht unterschätzt werden. In dem Moment, in dem andere Leuchttürme eingebunden werden, wird das herausfordernde Verhalten öffentlich. Das wirkt zum einen unangenehm auf Paulina, denn sie liebt ihre Tante und würde sich ihr gegenüber nie so aggressiv zeigen. Zum anderen übermittelt es die Botschaft, dass viele Leuchttürme sie im Blick haben, weil sie ihr wichtig sind.

» **Beharrlichkeit:** Paulinas Eltern bleiben beharrlich und halten sich an ihre vereinbarten Strukturen, mit deren Hilfe sie Eskalationen vermeiden. Es kehrt wieder Harmonie in die Familie ein.

Für beide Eltern ist klar: Paulina braucht sie, sie wollen für ihre Tochter eine feste Konstante sein, auf die sie sich verlassen kann. Paulina muss keine Angst haben, sich weiterzuentwickeln, ihre Eltern demonstrieren ihr, dass sie den Weg verlässlich mit ihr gehen, sie dabei begleiten und unterstützen. Sie werden ihre Tochter auch dann lieben und für sie da sein, wenn sie bereit ist, sich zu lösen.

Toolbox: Essstörungen

Du brauchst viel Kraft und Geduld:

» Schaffe dir ein gutes Helfernetz aus Freunden, Familie und professionellen Helfern.

» Auch Klinik, Jugendamt und die Schulsozialarbeit können eine Option zur Unterstützung sein.

» Nehmt gemeinsam professionelle Beratungen wahr.

Die Gardinenpredigt wirkt nicht:

» Diskutiert nicht ständig über Essen.

» Führt Essenstrukturen ein und entscheidet, wie viel Zeit ihr für Überredungsvorträge plant und wie lange ihr auch mal gar nichts sagt.

Quality Time:

» Plane gut, damit du wirklich Zeit hast und dich auf dein Kind konzentrieren kannst.

» Und auch hier gilt: Es muss nicht ständig gesprochen werden. Gemeinsam schweigend spazieren zu gehen oder im Café zu sitzen und die Menschen dort zu beobachten, signalisiert eine starke Präsenz. Du demonstrierst: Ich bleibe bei dir und halte es mit dir gemeinsam aus.

Tagesstruktur: Vereinbart gemeinsam Zeiten für:

- regelmäßiges Wiegen beim Arzt
- Lernen
- Freunde treffen
- Chillen
- Familienzeit

Achte auf die Schlafhygiene:

- Schlechtes Ein- oder Durchschlafen kann ein Hinweis auf eine depressive Verstimmung sein, sollte aber von der Ärztin organisch abgeklärt werden.

Wachsame Sorge:

- Trefft eine klare Vereinbarung darüber, was sich verändern muss, damit dein Kind wieder mehr Freiheiten erhält.

»Keiner versteht meine Not!«

Manche Jugendliche tragen viel Kummer in sich und haben selten die Möglichkeit, diesen zu teilen:

Der fünfzehnjährige Anton kommt zu mir in die Praxis, weil er Probleme in der Schule hat. Zu Beginn erzählt er, dass er keine Freunde hat und sich einsam fühlt. Eigentlich hat er nach dem Ende der Pandemie nicht mehr richtig zurück in sein altes Leben gefunden. Nach der Schule verbringt er täglich bis zu fünf Stunden an der Spielekonsole. Und wenn er dann mal raus auf die Straße geht, dann nur gemeinsam mit seiner kleinen Schwester, mit der er sich viel streitet.

Antons Vater versucht zu unterstützen und kommt auch zu einem Gespräch zu mir in die Praxis. Der Vater wünscht sich, dass Anton selbstbewusster wird und Freundschaften schließt. Für Antons Vater sind das die offensichtlichen Probleme seines Sohnes. Doch Anton belasten vor allem die Streitsituationen zu Hause. Er beschreibt, wie wütend er manchmal auf seine Schwester wird und sie beschimpft. Seine Mutter mischt sich dann ein und schimpft mit Anton. Er muss sich anhören, wie viel Ärger *er* bereitet und dass sie es kaum noch mit ihm aushält. Später quält Anton oft das schlechte Gewissen, allen das Leben so schwer zu machen.

Wenn mir Anton von seinem Zuhause und seinem Verhalten erzählt, kann ich mir seine Provokationen kaum vorstellen. Er spricht leise, sitzt und geht immer etwas geduckt, als wollte er unsichtbar für die Welt sein. Anton möchte Ratschläge, wie er sich selbst und seine Wutausbrüche besser unter Kontrolle bekommt und verhindern kann, dass seine Mutter immer so furchtbar wütend wird. Anton erzählt, er versuche, seine Mutter mit positiven Gesten zu besänftigen, er helfe, den Tisch nach dem Essen abzudecken oder hole am Wochenende die Brötchen. Außerdem entschuldige er sich nach einem großen Streit schnell und bedauere sein Verhalten.

Sobald wir beginnen, über Gefühle zu sprechen, wird es für Anton schwierig. Er ist offen für strukturelle Veränderungen, die kann er leicht umsetzen. Aber die Gefühls- und Bedürfnisebene ist tabu. Er glaubt, dass er kein Bedürfnis nach Zuneigung und Liebe haben darf, weil er es nicht verdient.

Da ich mich auch als Unterstützer und Dolmetscher für Eltern und Jugendliche verstehe, versuche ich, die Eltern zu einem gemeinsamen Gespräch einzuladen. Doch die Mutter lehnt ein Gespräch ab. Mehr und mehr zeigt sich das Bild, dass Antons Mutter selbst belastet ist, während ihr Mann versucht, die Familie zu stabilisieren. Er ist der Initiator für die Therapie wie auch für neue Freizeitmöglichkeiten für Anton.

Doch Anton fühlt sich in seiner Not nicht gesehen. Da kann er noch so wütend und laut werden oder sich mit seinen Computerspielen immer mehr in sein Zimmer zurückziehen. Die Eltern sehen und verstehen ihren Sohn nicht gut und können ihm gerade nicht den sicheren Hafen bieten, den er braucht.

Auch die vierzehnjährige Mila braucht ihre Eltern, sieht aber deren Belastung und lässt sie lieber in Ruhe. Durch die Trennung der Eltern ist es ohnehin schon kompliziert geworden. Die Eltern möchten möglichst nicht miteinander kommunizieren. Beide haben neue Familien gegründet, und die brauchen ihre volle Aufmerksamkeit. Die vergangene Ehe war eher unglücklich, und deshalb soll möglichst wenig daran erinnern.

Mila pendelt viele Jahre zwischen ihren beiden neuen Familien. Sie hat mehrere jüngere Halbgeschwister und vertraut ihrem Stiefvater. Mila liebt ihre Mutter von ganzem Herzen und hatte lange Zeit eine gute Beziehung zu ihr. Doch mit den jüngeren Geschwistern und den finanziellen Sorgen verliert Milas Mutter viel von ihrer Energie. Sie ist sehr belastet und hat deshalb auch weniger Geduld mit den Kindern.

Dass es Mila nicht gut geht, bemerkt die Mutter, als sie aufhört zu essen. Die Symptome machen Milas Mutter und Stiefvater Angst. Sie fühlen sich bedroht von der Heftigkeit der Symptomatik. Zudem schämen sie sich, vor Freunden über ihre Probleme zu sprechen, und streiten mit Mila laut und heftig darüber, dass sie essen soll. Manchmal eskalieren die Situationen so sehr, dass die Eltern Mila festhalten, um sie zum Essen zu zwingen. Doch so entsteht noch mehr Distanz zwischen Mila und ihren Eltern. Sie zieht sich noch weiter zurück und spricht kaum noch.

In den Gesprächen mit Mila höre ich viel Trostlosigkeit: In der Schule gibt es viele Veränderungen. Die meisten ihrer Freundinnen wechseln auf eine andere Schule, und die einzige Lehrerin, zu der Mila ein vertrauensvolles Verhältnis hat, ist seit diesem Schuljahr nicht mehr für sie zuständig. Mila hat eine enge Freundin, die ebenfalls unter einer Essstörung leidet. Jeden Nachmittag treffen sie sich und laufen kilometerweit durch die Stadt, um Kalorien zu verbrennen.

Mila kann mir hervorragend das Zusammenspiel von ihrer Depression mit der Essstörung beschreiben: Traurig und verzweifelt ist sie schon lange. Das wenige Gute, das sie früher erlebt hat, ist mit den Veränderungen in der Schule verschwunden. Die Depression ist für sie nützlich, denn je tiefer sie in der Depression steckt, desto mehr nimmt sie ab, und umso weniger hat sie Lust auf Essen. Und so gefährlich und schwer ihr Zustand auch ist, sie verspürt keine Sehnsucht nach einem schönen Lebensgefühl. Tatsächlich, so sagt sie, würde sie sich schlecht fühlen, wenn es ihr besser ginge.

In unseren Sitzungen frage ich Mila immer mal wieder: »Darf es überhaupt wieder gut werden?« Mila findet, solange niemand versteht, wie schlecht es ihr geht, darf es auch nicht gut werden. Milas Wunsch ist: »Seht mich! Nehmt meine Not ernst und dann können wir verhandeln.«

Aus therapeutischer Perspektive sehnt sich Mila nach Nähe, schafft aber durch ihr Verhalten Distanz. Die Mutter zieht sich zunehmend zurück, weil sie emotional mit Milas Zustand überfordert ist. Sie sieht die Not ihres Kindes, aber sie kann Mila nicht geben, was sie bräuchte, denn sie ist auch noch mit ihren eigenen Sorgen beschäftigt und überfordert und steht kurz vor einem Nervenzusammenbruch.

Manche Jugendliche mit Problemen wünschen sich Hilfe, finden diese aber nicht bei sich zu Hause. Auch Eltern erleben Lebensphasen, in denen sie so überlastet sind, dass sie nicht in der Lage sind, unterstützend und stärkend zu agieren. Für herausfordernde Familiensituationen, in denen Eltern ausfallen oder nur in Teilen handlungsfähig sind, gibt es trotzdem Hilfestellungen. Zum einen bietet das Jugendamt hierfür gezielte Unterstützung an. Familienberatungsstellen, aufsuchende Familienhilfe und therapeutische Hilfsangebote sind hier für jeden zugänglich. Viele Schulen beschäftigen inzwischen auch Schulsozialarbeiter oder Schulpsychologinnen, die immer ein offenes Ohr für Jugendliche haben und auch regelmäßig im Gespräch bleiben. Beratungsstellen mit spezieller Themenausrichtung, wie Essstörung, Mobbing oder Schulprobleme sind über Hotlines gut erreichbar. Professionelle Berater und Therapeutinnen begleiten Jugendliche und ihre Angehörigen sehr wertschätzend und respektvoll in der Krise. Auch in solchen Fällen, in denen Eltern scheinbar hilflos sind, existiert also ein niedrigschwelliges und kostenfreies, professionelles Helfernetz.

»Bevor ich andere verletze, verletze ich mich selbst« – Ritzen und andere Hilferufe

Selbstverletzendes Verhalten interpretiere ich als Therapeutin als weitere Eskalationsstufe in einer psychischen Notsituation. Oft wissen die Jugendlichen nicht mehr weiter und empfinden Selbstverletzung als eine Form von Lösung.

Unterschiedliche Studien haben nachgewiesen, dass sich insbesondere junge Menschen in der Pubertät selbst verletzen. Im Ärzteblatt von Juli 2020 schreibt der Autor Harry Friebel, dass sich mindestens ein Drittel aller Jugendlichen einmal innerhalb der Pubertät selbst verletzt, ein Zehntel aller Jugendlichen mehrmals.[10] Friebel beschreibt im gleichen Artikel, dass mithilfe von Gender-sensiblen Untersuchungen außerdem gezeigt werden konnte, dass auch Jungen selbstverletzendes Verhalten entwickeln können. Doch meist wählen sie eher eine andere Ausdrucksform. Mädchen ritzen oder schneiden sich in vielen Fällen an Armen oder Beinen. Jungen zeigen ihre Selbstaggression häufig zum Beispiel durch das Schlagen des Kopfes gegen die Wand. Eine weitere Form der Selbstverletzung ist, sich selbst zu beißen oder die Haut aufzukratzen.

Selbstverletzendes Verhalten ist selten das vordergründige Symptom, wenn Jugendliche und ihre Eltern sich bei mir vorstellen. Oft geht es erst einmal um ein besonders herausforderndes Verhalten des Kindes oder dessen Rückzug. Von selbstverletzendem Verhalten erzählen mir die meisten Jugendlichen erst später, meist in einem Gespräch zu zweit und bitten dabei um Stillschweigen. Und nicht selten erlebe ich, dass Eltern von selbstverletzendem Verhalten nur deshalb erfahren, weil in der Klasse des Kindes zum Beispiel Fälle von Selbstverletzungen auftreten und die Schule die Eltern informiert hat. Wie so oft bei Symptomen lohnt sich auch hier die Frage, wofür das Ritzen gebraucht wird.

Ein Hilferuf!

Oftmals gelingt es den Jugendlichen, selbstverletzendes Verhalten lange geheim zu halten. Das Bild von Jungen in der Pubertät zeichnet sich gewöhnlich durch Wut und rebellisches Verhalten aus. Eine Selbstverletzung wird daher eher mit impulsivem Verhalten entschuldigt oder abgetan und nicht als Ausdruck von seelischer Not gesehen. Und Mädchen verstecken ihre Wunden geschickt. In den meisten Fällen fürchten sie, aufzufliegen. Die Konfrontation mit ihren Eltern ist schambehaftet, manche fürchten, große Sorge auszulösen, Erwartungen zu enttäuschen, oder sie wollen die unerwünschte Aufmerksamkeit vermeiden. Manche Mädchen lassen es aber auch darauf ankommen und zeigen ihre Wunden offen. Dabei kann es sich um einen Hilferuf handeln, der bedeutet: »Schau mich an! Ich brauche Unterstützung!«

Wovon du sicher ausgehen kannst, ist, dass selbstverletzendes Verhalten ein Ausdruck von schwerer seelischer Not ist und du für dein Kind professionelle Unterstützung brauchst. Dabei kann selbstverletzendes Verhalten unterschiedliche Ursachen haben – vom Missbrauch bis zur Mobbingerfahrung, aber auch tiefe Gefühle von Ausweglosigkeit, Trauer, Hilflosigkeit, Selbsthass und Unglück. Diese Themen sind herausfordernd, und du solltest sie dir und deiner Familie nicht allein zumuten. Baut ein professionelles Helfernetzwerk, das euch unterstützt.

Selbsthilfe und Emotionsregulierung durch Ritzen

Wenn Gefühle zu intensiv werden, die Angst zu heftig wird, das Empfinden der Bedrohung zu übermächtig, dann kann das Ritzen oder Ähnliches durch den erzeugten Schmerz für einen kurzen Moment Ruhe und/oder Ablenkung in diese intensive Gefühlswelt bringen.

Gerade im Zusammenhang mit depressiven Symptomen kann das Ritzen ein Weg sein, sich besser zu fühlen, wenigstens für diesen Moment. Wenn seelische Not lange unerkannt bleibt, macht ein junger Mensch in der Regel irgendwann emotional zu. Er baut eine innere Mauer auf, die vor den überfordernden Gefühlen schützt. Das dauernde Unterdrücken der schweren Gefühle baut wiederum einen massiven inneren Druck auf, wobei das Ritzen oder eine andere Selbstverletzung dann wie ein Ventil wirkt. Mit der Zeit entwickelt sich das Ritzen zu einem Zwang. Eine Sucht, die sich zum Teil auch daraus speist, dass der kurzzeitige Schmerz eine Form von Opioiden im Gehirn ausschüttet, die Erleichterung auslösen. Während manche Heranwachsende Selbstverletzungen als Ventil nutzen, gibt es andere, die sich damit eine Art (Selbst-)Bestrafung auferlegen. So hat mir mal ein Jugendlicher erzählt, dass er das Gefühl hat, nicht ausreichend Zuwendung und Aufmerksamkeit von seinen Eltern zu bekommen und dass er sich selbst für dieses Nicht-Wahrgenommen-Werden die Schuld gibt. Er bezeichnete sein Ritzen als eine Art »Bestrafung«, weil er sich wertlos fühlte.

Das Aufdecken von selbstverletzendem Verhalten löst bei Eltern häufig einen großen Schock aus. Der erste Impuls ist dann oft, dieses Verhalten mit einem strikten Verbot unterbinden zu wollen. Doch eine Restriktion zwingt die Jugendlichen meist nur, das Ritzen heimlich fortzuführen. Im Alter von circa neun bis elf Jahren kann ein aufklärendes Gespräch über die Folgen von Selbstverletzungen noch hilfreich sein. Bei älteren Teenagern braucht es oft mehr.

Ritzen hat in Gruppen eine ähnliche Wirkung wie die Verbreitung einer Essstörung. Besonders unter Mädchen ist dieses Verhalten fast genauso ansteckend wie ein gemeines Wintervirus. Sie geben sich Tipps, zeigen sich gegenseitig vermeintliche (!) Lösungswege aus ihrer seelischen Not und bilden damit eine Gemeinschaft.

Was können Eltern tun?

Zu erleben, wie das eigene Kind sich selbst verletzt und sich mit aller Macht dagegen sträubt, damit aufzuhören, ist für Eltern kaum auszuhalten. Bei der Aufdeckung von selbstverletzendem Verhalten reagieren deshalb viele Eltern, aus dem Schock heraus, mit einer Verurteilung: »Warum machst du das? Du bekommst schreckliche Narben! Wer hat dich dazu gebracht? Warum sagst du nichts?« Dahinter steckt die pure Hilflosigkeit, die dazu führt, dass der Kontakt zum Kind noch schwieriger wird.

Aus systemischer Sicht haben Eltern aber die Wahl, wie sie auf das Symptom schauen wollen und welchen Umgang sie damit finden. Natürlich ist es furchtbar, wenn dein Kind schwere Symptome entwickelt, und das belastet auch dich. Wenn du es aber ausschließlich unter diesem Aspekt der Schwere betrachtest, gerätst du in eine hilflose Haltung, die dich handlungsunfähig macht. Entscheidest du dich für einen Perspektivwechsel, zum Beispiel mithilfe der Frage, wofür das Symptom vielleicht gut ist, kann es dir helfen, eine Vogelperspektive einzunehmen und zu erkennen, wofür das Symptom im Moment gebraucht wird. Mithilfe der Externalisierung des Symptoms kann es sogar ein Gesicht bekommen und ein lösungsorientierter Umgang gefunden werden. Oft sprechen Betroffene in der Therapie von ihren Symptomen als Freund oder Freundin, manchmal geben sie ihnen den Namen einer Märchenfigur, wie zum Beispiel Rumpelstilzchen.

Zeig deinem Kind deine Angst und Sorge und lass dir erklären, wie die Welt deines Kindes gerade aussieht. Und dann bring deine Meinung und Erfahrung mit ein – als Angebot für Lösungswege. Denn auch hier gilt es, erst einmal das Verhalten anzuerkennen und als einen Lösungsversuch zu verstehen, der ohne Frage einen hohen Preis hat.

» **Lerne den ungebetenen Gast Ritzen kennen**
Das Ritzen ist für dein Kind zu diesem Zeitpunkt eine Art Lösung. Es ist für dich mit Sicherheit keine leichte Aufgabe, diesen Lösungsansatz erst einmal zu respektieren, aber darin liegt deine Chance, wieder in den Kontakt zu kommen. Du kannst dir erklären lassen, wie die Abläufe der Selbstverletzung sind, mit welchem Gegenstand dein Kind sich verletzt und wie es die Wunden versorgt. Versucht das Ritzen als ungebetenen Gast in eurer Familie zu akzeptieren, für den ihr jetzt gemeinsam sorgen werdet, dessen Gefahr ihr seht und wogegen ihr alles Mögliche unternehmen werdet, um ihn wieder loszuwerden.

» **Die gemeinsame Erstversorgung ermöglicht Transparenz**
Du als Leuchtturm sorgst für eine gute Erstversorgung, also für Desinfektionsmittel, Verbandszeug und saubere Rasierklingen. Wenn ihr dann gut im Kontakt miteinander seid, kannst du mit

deinem Kind vermutlich im Prozess einer Therapie aushandeln, dass es dich informiert, wenn es den Zwang zur Selbstverletzung spürt. Damit macht ihr die Selbstverletzung öffentlich, und manchmal erlebe ich, dass damit der Druck zur Handlung nachlässt und an Häufigkeit abnimmt.

» **Sei authentisch – Authentizität stärkt die Beziehung**
Auch wenn es vielleicht schwerfällt, weil du große Angst um dein Kind hast: Zeige Mitgefühl, Verständnis und Neugier. Erzähle von deinen Pubertätserfahrungen. Erzähle von deiner Gefühlswelt, deinen Erfahrungen mit Freunden, kleine Geschichten aus dieser Zeit und was sie für dich heute bedeuten. Möglicherweise sind deine Erfahrungen für dich rückblickend nicht mehr so bedeutungsvoll. Aber die Message an dein Kind kann sein, dass du genau weißt, wie schrecklich sich das Schwierige gerade anfühlt und dass es zum Leben dazugehört. Außerdem kannst du dein Kind beruhigen, indem du ihm vermittelst, dass es in manchen Momenten zwar keine schnelle Lösung gibt, dass es diese schwere Phase aber nicht allein bewältigen muss, dass sich Lösungen zeigen werden und es sich mit der Zeit leichter anfühlen wird.

Erwarte nicht, dass das Ritzen durch die Gespräche und deine Kooperation gleich aufhört. Lass dich nicht verschrecken und suche gemeinsam mit deinem Kind nach einem Therapieplatz. Durch deine Offenheit, dein Mitgefühl und deine Unterstützung wird dein Kind dir irgendwann erzählen, was es quält, ob ihm jemand etwas angetan hat oder ob es in der Schule womöglich gemobbt wird. Erst wenn die seelische Not gesehen und verstanden wird und – zum Beispiel in der Therapie – neue, bessere Strategien erlernt werden, können das Symptom und die Bewältigungsstrategie Ritzen in den Hintergrund treten und nach und nach an Bedeutung verlieren beziehungsweise weniger werden oder ganz aufhören.

Bedenke: Oft ist es ein langer Prozess, der in die seelische Not führt. Es braucht also auch Zeit, bis ihr aus der Not herausfindet.

»Das Leben ist schwer, und ich kann nicht mehr« – Suizidgedanken

Es gibt kaum etwas Schlimmeres als eine Situation, in der du als Vater oder Mutter plötzlich begreifst, dass dein Kind sich selbst verletzt oder sogar nicht mehr weiterleben möchte. Unsere Gesellschaft ist geprägt von Ideen der permanenten Selbstoptimierung, von käuflicher Gesundheit, ewiger Jugend und vielem mehr. Da löst das Thema Tod oft eine große Angst aus. Und wenn das eigene Kind sterben möchte, weil es keinen Sinn mehr im Leben sieht, nimmt uns das die Luft zum Atmen. Eine überwältigende Angst und Sorge lassen die Zeit stillstehen, und Eltern stehen oft völlig hilflos vor dieser erschreckenden Situation.

Obwohl Suizide im Kindes- und Jugendalter die zweithäufigste Todesursache sind, kommt dieses Thema in der öffentlichen Debatte kaum vor. Durch Suizid starben 2022 deutschlandweit insgesamt 10119 Menschen, davon waren 428 unter 25 Jahre alt.[11]

Psychologische Therapeuten unterscheiden zwischen suizidalen Gedanken, Suizidabsicht und Suizidversuch. Die Absicht und der Versuch, Suizid zu begehen, sind akute Situationen, in denen *sofort* gehandelt werden muss. Bei suizidalen Gedanken ohne konkrete Umsetzungspläne können Therapie und verständnisvolle Gespräche noch viel bewirken.

Ein Suizidversuch ist immer ein Signal größter Not und überwältigender innerer oder äußerer Konflikte. Suizidale Jugendliche haben das Gefühl, in einer unerträglichen, ausweglosen Lage zu sein, in der sie sich einerseits nach Hilfe, Zuwendung, Liebe und Verständnis sehnen und sich andererseits isoliert, allein und unverstanden fühlen.

Das Herunterspielen von Todeswünschen wie »Das ist doch kein Grund, du hast doch alles!« lässt den Teenager sich nur weiter zurückziehen. Einen Suizidversuch können Eltern auch als Beziehungsangebot in Form eines Hilfeschreis verstehen, der sagt: »Ich kann nicht mehr, weiß aber nicht, ob du mich verstehst!« und/oder »Ich fühle mich allein und unverstanden.« Manchmal kommunizieren Jugendliche ihre Not auf subtile Art, als verschlüsselte Botschaft, weil sie sich nicht trauen, die eigenen Probleme anzusprechen. Zu groß ist die Furcht, Eltern und Mitmenschen zu schockieren, wenn sie über ihre Ängste, Verzweiflung, Wut oder Scham sprechen. Wenn die eigenen Probleme schier unüberwindbar wirken, kann der Gedanke an Suizid ein »Lösungsweg«, sein, sich von alledem zu befreien. »Ich will nicht mehr leben« bedeutet zugleich: »So wie es jetzt ist, kann ich nicht mehr, und ich möchte, dass sich etwas in meinem Leben ändert.«

Auslöser für diese existenzielle Krise und Verzweiflung können unter anderem eine Trennung der Eltern, verkehrte Rollen im Familiensystem wie zum Beispiel ein Kind, das die Rolle eines Elternteils übernimmt, andauernde Spannungen, zu enge oder zu unsichere Bindungen, ungelöste Konflikte, Familiengeheimnisse oder psychische und physische Gewalt sein. Ich verstehe Suizidgedanken weniger als ein »psychisches Störungsbild«, sondern als einen Hilfeschrei, sich von Sorgen freizumachen, der laut und deutlich Unterstützung und Lösungen vom Umfeld einfordert. Also als einen Appell an die Erwachsenen, die Not zu sehen und einzugreifen.

Wie erkenne ich Suizidgefahr?

Es gibt Anzeichen, die auf eine akute Suizidgefahr hinweisen können. Und dennoch gibt es keine Sicherheit, die Gefahr immer rechtzeitig zu erkennen. Umso wichtiger ist es, auf dein Bauchgefühl zu hören und einen möglichen Verdacht anzusprechen.

Eine Suizidgefährdung ist nicht leicht zu erkennen, aber schwere depressive Verstimmungen können Suizidgedanken mit sich bringen. Ein weiteres Anzeichen für verlorene Lebenslust kann der unerwartete Abbruch von Freundschaften sein. Manche Jugendlichen entwickeln auch ein aggressives Verhalten und stoßen ihnen nahestehende Personen von sich weg. Stimmungsschwankungen können in einer Phase von Suizidgedanken noch stärker zwischen überdreht und depressiv wechseln. Auch äußerlich können Veränderungen auffallen, wie etwa eine ausdrucksarme Körperhaltung, Mimik und Stimme. Ein sonst gepflegtes Aussehen kann in Vernachlässigung umkippen. Auch Aussagen wie »Mir ist ohnehin alles egal«, »Es wäre für alle besser, wenn ich nicht mehr da wäre« usw. können Zeichen für lebensmüde Gedanken sein. Eine Essstörung wie die Anorexia nervosa ist eine heftige Aggression gegen den eigenen Körper, die zum Tod führen kann. Aber auch Alkohol, Drogenkonsum, Weglaufen von zu Hause oder Schulprobleme und das Vernachlässigen von vormals geliebten Hobbys sollten dich alarmieren. Manche Jugendliche weichen auf schriftliche Ausdrucksweisen wie Zeichnungen, Briefe oder Gedichte aus, die (versteckte) Botschaften enthalten können.

Auch tiefschürfende Gespräche über den Tod können ein Anzeichen sein, und sie sind eine Chance, ins Gespräch zu kommen. Damit entstehen neue Anknüpfungspunkte für Eltern, ein Beziehungsangebot zu machen. Wenn du das Gefühl hast, dass das Thema Suizidalität im Raum steht, aber der Jugendliche es nicht ausspricht, dann ist es gut, wenn du deinen Verdacht benennst.

Handle, als ob dein Haus brennt!

Eine akute suizidale Gefahr bedarf schnellen Handelns. In dieser Phase erst einmal auf die Suche nach einem Therapieplatz zu gehen, halte ich tatsächlich für lebensgefährlich. Stattdessen braucht es sofort professionelle Unterstützung und eine schnelle Einweisung in eine psychiatrische Klinik. Ich empfehle, einen Krankenwagen zu rufen oder, wenn die Situation es ermöglicht, dein Kind direkt in die nächste psychiatrische Notambulanz zu bringen. Dort werden Ärztinnen und Psychologen helfen, die akute Gefahr abzuwenden.

Manchmal können auch Beratungsstellen hilfreich sein. Dort treffen gefährdete Jugendliche, aber auch betroffene Eltern, Geschwister oder Freunde auf Fachleute, die viel Erfahrung mit dem Thema haben und sich nicht scheuen, auch heikle Themen wertschätzend und verständnisvoll anzusprechen. Genau deshalb sind sie in der Lage, den Betroffenen Sicherheit zu geben.

Wenn Gedanken immer wiederkehren

Bei Selbstmordgedanken ist eine Therapie hilfreich und sinnvoll. Die Therapeutin oder der Therapeut prüft im Laufe des Therapieprozesses immer wieder, wie konkret die Selbstmordgedanken sind. Für den Fall, dass die Gedanken konkreter werden, vereinbaren sie gemeinsam mit den Betroffenen Notfallpläne. Selbstmordgedanken oder die Beschreibung einer Lebensmüdigkeit sind angsteinflößend, aber solange die Jugendlichen sich im Gedankenbereich befinden, können Eltern in der Regel noch gut unterstützen. Dabei braucht es trotzdem die engmaschige Begleitung eines professionellen Helfernetzes. Im psychotherapeutischen Setting erleben Therapeutinnen, dass eine offensive Herangehensweise in den Gesprächen über suizidale Gedanken als entlastend empfunden wird. Deshalb empfehle ich auch Eltern, diese Gedanken offen anzusprechen. Auch Therapeuten sind sich in ihrer Einschätzung manchmal unsicher und holen sich dann Unterstützung aus dem eigenen professionellen Netzwerk. Daraus kann sich ein Prozess zur Vorbereitung eines Klinikaufenthaltes für die Teenager entwickeln.

Im ersten Termin mit Kindern und Jugendlichen spreche ich immer auch das Thema Suizid und Selbstverletzung an. Ich lege es auf den Tisch, bin transparent und erkläre, dass der Therapieraum ein sicherer Raum für die Klienten sein soll, in dem sie ungeniert alles sagen dürfen. An die Eltern gehen keine Inhalte aus unseren Sitzungen, die vorab nicht miteinander abgesprochen wurden. Das ist wichtig, um eine vertrauensvolle Therapiebeziehung aufzubauen.

Bei einem Thema mache ich jedoch eine Ausnahme: Sollte ich annehmen, dass eine Selbst- oder Fremdgefährdung vorliegt, trage ich die Verantwortung nicht mehr allein. Dann müssen die Eltern und gegebenenfalls weitere Personen mit ins Boot geholt werden. Ich verspreche, dass ich jeden Schritt vorab mit den Teenagern bespreche, bevor ich die Eltern informiere. Jedes Mal befürchte ich bei meiner klaren Ansage, dass die Jugendlichen von da an dichtmachen, sich nicht mehr öffnen. Aber auch diesen Gedanken spreche ich aus. Ich erkläre, dass das meine rote Linie ist und dass sie diese kennen sollen. Tatsächlich mache ich die Erfahrung, dass diese Transparenz vertrauensbildend ist. Die Jugendlichen wissen, mit wem sie es zu tun haben. Sie verstehen auch, dass ich keine Angst habe, schwierige Themen anzusprechen und dass ich diese auch aushalten kann.

In der Pubertät sind existenzielle Fragen völlig normal: Warum lebe ich eigentlich? Werde ich geliebt? Warum soll ich erwachsen werden? Wäre es nicht besser, mit allem Schluss zu machen? Die Berliner Beratungsstelle neuhland geht davon aus, dass mindestens zwei Drittel der Jugendlichen Suizidgedanken kennen. Wer aber ein gesundes Selbstwertgefühl entwickelt, übersteht diese Zeit in der Regel unbeschadet. Suizidgedanken entstehen oft in schwierigen Situationen mit anderen. Mobbing, Streit oder Freundschaftsabbrüche führen zu einem Gefühl von Wertlosigkeit, Überforderung und Ungeliebtsein. In der Gedankenwelt der von solchen Erfahrungen betroffenen Jugendlichen scheinen diese Probleme unlösbar und massiv bedrohlich.

Nicht selten beschreiben mir Jugendliche den Wunsch nach dem Tod als eine Pause vom Leben. Tatsächlich wollen sie nicht wirklich sterben. Sie wünschen sich eine »Aus-Taste«, die eine Verschnaufpause ermöglicht. Und obwohl sie eigentlich wissen, dass es sich hier um einen unrealistischen Wunsch handelt, riskieren sie einen Suizidversuch.

Jugendliche in der Krise brauchen Unterstützung zur Lösung von Konflikten. Sie benötigen stabile, sichere Beziehungen, müssen erleben, dass sie wertvoll und wichtig sind, und sie wollen spüren, dass sie geliebt werden und Menschen um sie trauern würden, wenn sie gingen.

Jeder Suizidversuch muss ernst genommen werden. Jugendliche wollen Hilfe und bringen das mit einem Suizidversuch – egal, wie harmlos er möglicherweise ausgeht – zum Ausdruck. Kommt keine Hilfe, wächst die Verzweiflung, und ein weiterer Versuch kann nicht ausgeschlossen werden.

Beharrlichkeit

Deshalb bleib beharrlich an deinem Teenager dran und biete Unterstützung auch dann an, wenn es vermeintlich nur um den Streit mit der besten Freundin geht. Zeige, dass das Leben lebenswert ist. Du kannst schöne gemeinsame Momente schaffen, Ausflüge an schöne Orte machen oder schon vergessene, aber lieb gewonnene Rituale wieder einführen. Das können das gemeinsame Familienfrühstück oder Fahrradausflüge sein. Draußen in der Natur zu sein, verbunden mit Entspannung oder Bewegung, macht den Kopf meist ein Stück freier. Gemeinsam Kanu fahren, klettern gehen, Fußball spielen oder musizieren – organisiere Momente und Situationen, die für eine kurze Weile die Not in den Hintergrund rücken lassen und dem Alltag Liebe und Farbe schenken.

Vermeide die Isolation und schaffe Öffentlichkeit

In meinem Therapiezentrum beobachte ich, dass Familien in besonders schwierigen Phasen dazu neigen, sich zurückzuziehen und gemeinsam in die Isolation zu gehen. Auch Eltern vermeiden soziale Kontakte und den Austausch mit Freunden. Somit weiß im engeren Umfeld niemand von ihren Sorgen. Wenn nun der depressive Teenager, der sich womöglich mit suizidalen Gedanken befasst, allein losziehen möchte, um Freunde zu treffen, löst das bei den Eltern nachvollziehbare Sorge aus. Sie haben Angst, ihr Kind aus den Augen zu lassen. Doch gerade die Freunde sind in dieser Zeit das Allerwichtigste. Unterstütze deinen Teenager, Freunde zu treffen, mit ihnen ins Kino oder zum Sport zu gehen. Und wenn es dir Schwierigkeiten bereitet, deinen Teenager ohne deine Aufsicht losziehen zu lassen, bring das mit ins Gespräch ein. Du kannst deinem Kind deine Sorge mitteilen. Schon diese Geste verbindet euch neu und schafft ein sichereres Vertrauensverhältnis. Solltest du das Gefühl haben, dieses Gespräch nicht allein führen zu können, dann suche eine Freundin oder einen Freund aus, der zu euch beiden ein gutes Verhältnis hat, und besprecht die Situation gemeinsam. Auch eine Familiensitzung im Therapiesetting kann hilfreich sein.

Jede Art von Hilfe ist deshalb so wichtig, weil sich die Jugendlichen oft in ihrer Not nicht ernst genommen fühlen. Manche nehmen an, dass ihnen niemand Glauben schenkt, wie sehr sie wirklich leiden und Hilfe brauchen. Ein Helfernetz, das in so einer Krisenzeit einmal mehr in positive Beziehung investiert, kann das Signal senden: Wir sehen dich, nehmen dich ernst und unterstützen dich. Damit kann ein Zeichen gesetzt werden, dass es neben den depressiven Verstimmungen noch Alternativen gibt. Diese Sicherheit und positive Bindung können deinem Kind die Idee eines leichteren, farbenfroheren Lebens vermitteln.

Das heißt, in jeder gesunden Entwicklung darf es Sinnkrisen geben. Anstatt den Tod zu tabuisieren, sollte er Teil von Gesprächen sein. Schon früh beschäftigen sich Kinder mit der Sterblichkeit des Menschen, und je offener wir uns mit ihnen gemeinsam damit auseinandersetzen, desto eher entstehen Worte und Gefühle, die uns in Krisenzeiten helfen und eine Brücke bauen können.

»Ich muss mich abnabeln und werde nicht losgelassen«

Bis hierher habe ich verschiedene Situationen vorgestellt, in denen junge Heranwachsende Angst vor ihrer eigenen Autonomieentwicklung haben, ihnen das Zutrauen fehlt, eigene Erfahrungen zu sammeln und daran zu wachsen. Zu groß ist noch das Bedürfnis nach dem Schutz und der Geborgenheit des elterlichen Haushalts. Doch manchmal gibt es Familiendynamiken, in denen Jugendliche die Entwicklungsschritte zur Selbstständigkeit nicht gehen können, weil sie glauben, zu Hause jemanden im Stich zu lassen. Sie befürchten, dass alles auseinanderbricht, wenn sie ihr Nest verlassen. Dieses Gefühl kann schon früh entstehen und mit dem Alter größer werden.

Emma wächst als Nesthäkchen in einer Familie mit zwei Geschwistern auf. Der Zusammenhalt in der Familie ist für alle wichtig – ein bedeutender Wert, der im Familienalltag gelebt wird. Die Kinder erleben ihre Eltern nie streitend, und Familienzusammenkünfte sind ein fester Bestandteil im Leben von Emma und ihrer Familie. Als Emma 15 Jahre ist, trennen sich ihre Eltern. Da Familienharmonie immer im Vordergrund stand, kommt für Emma die Trennung überraschend und unerwartet. Mit 18 Jahren beendet sie die Schule. Zu diesem Zeitpunkt sind ihre älteren Geschwister schon lange ausgezogen. Statt ihren großen Traum von einer Weltreise zu planen oder sich um einen Ausbildungsplatz zu bewerben, zieht Emma sich immer weiter zurück und lässt sogar ihr geliebtes Tanztraining immer wieder ausfallen. Wenn Emma überhaupt mal ihr Zimmer verlässt, ist sie zickig zu ihrer Mutter und beleidigt sie. Emmas Mutter ist ratlos, lange Zeit hatte sie ein gutes und enges Verhältnis zu ihrer Tochter, doch nun befürchtet sie, die Verbindung zu ihrer Tochter zu verlieren. Je länger die Situation zu Hause andauert, desto mehr entfernen sich beide voneinander. Immer öfter schreien die beiden sich an oder schweigen.

Mit Unterstützung einer Familientherapie bei mir zeigt sich, dass Emma Angst hat, ihre Mutter allein zu lassen. Für ihre Mutter ist Familie noch immer das wichtigste Gut. Und wenn Emma das Haus verlassen würde, was bliebe dann für ihre Mutter? Emma bewegt sich in der Ambivalenz, flügge werden zu wollen, und der gleichzeitigen Angst um die Mutter, die sie als verletzlich und hilflos wahrnimmt. Sie fühlt sich für ihre Mutter und deren seelische Balance verantwortlich und kann deshalb nicht gehen. Ähnlich geht es Alex.

Schon im Alter von zehn Jahren versteht Alex, dass es seinem Vater nicht gut geht. Er trinkt viel, liegt oft auf dem Sofa und lässt sich selten auf gemeinsame Familienaktivitäten ein. Alex' Vater schafft es aber immer zur Arbeit, fast die einzige Konstante in seinem Leben. Vieles in der Familie wird deshalb auf die Arbeit geschoben. Papa ist müde, weil er viel arbeitet, und der Alkohol lässt ihn etwas entspannen.

Alex bemüht sich, keinen Ärger zu verursachen und seinen Vater möglichst in Ruhe zu lassen. Er bekommt mit den Jahren Probleme mit Mitschülern, aber er erzählt zu Hause nichts. Auch seine Mutter erfährt nichts von seinen Problemen. Zu sehr beschäftigt sie die Situation mit ihrem Mann, und sie sorgt für die reibungsfreien Abläufe in der Familie. Niemandem soll auffallen, dass in der Familie etwas nicht stimmt. Über Jahre funktioniert dieses Familienkonstrukt. Der Vater wird vor allen

Schwierigkeiten geschützt. Die Mutter ist der Puffer zwischen den Bedürfnissen von Alex und ihrem Mann, und gemeinsam sorgen alle für eine freundliche Fassade nach außen.

Mit 16 Jahren macht Alex seinen Schulabschluss und erklärt seiner Familie, dass er eine schwere Depression hat und Hilfe benötigt. Alex' Mutter findet die Offenheit ihres Sohnes mutig und unterstützt ihn bei der Suche nach einem Therapieplatz. An den Sitzungen von Alex und mir nimmt allerdings keines der anderen Familienmitglieder teil. Zu groß ist die Angst vor Veränderung. Auch für Alex ist der Prozess schwierig. Denn wenn er sich wirklich von seinen Ängsten befreit und das Haus verlässt, hat er das Gefühl, seinen Vater im Stich zu lassen. Und Alex befürchtet, dass sein Vater sich sogar etwas antun könnte. Diese Familiendynamik bringt Alex trotz Therapie, einem Klinikbesuch und Medikamenten in eine absolute Starre.

Die beiden Fallbeispiele zeigen, wie leicht junge Menschen glauben, dass sie ihren Eltern das eigene Leben nicht zutrauen können, und wie wichtig es ist, dass der Leuchtturm den Anker des Bootes vorsichtig löst. Dabei braucht es eine regelmäßige Überprüfung des eigenen Fundaments. Eltern können ihre Gefühle an die eigenen Kinder weitergeben. So wie Momo seine Angst an seine Tochter weitergibt oder Marc die familiäre Depression geerbt hat. Studien haben bestätigt, dass Angst, Depression und Trauma an die Nachkommen weitervererbt werden können. Deshalb ist es wichtig, wenn du deinem Kind aus depressiven Verstimmungen heraushelfen möchtest, dass du dir bewusst machst, ob du selbst frei von diesen Themen bist. Denn bevor dein Kind *deine* Depression, *deine* Angst oder *deine* Wut auslebt, suche dir Hilfe, beschäftige dich mit deinen Glaubenssätzen, deinen ungestillten Bedürfnissen und wachse als stabiler Leuchtturm.

Toolbox: Gegen sich gerichtete Aggression

Isolation, Selbstverletzung und suizidale Gedanken sind ein Ausdruck schwerer seelischer Not. Suche für euch sofort professionelle Hilfe.

Ein möglicher Umgang mit dem Symptom:

- » Versuche, eine neue Perspektive auf das Symptom zu finden, um Lösungswege zu erkennen.
- » Gib dem Symptom einen Namen oder verbinde es mit einer Fantasiefigur. Vor allem aber: Rede darüber.
- » Wenn dein Kind große herausfordernde Symptome entwickelt hat, entzieht es sich eurer Beziehung. Du kannst mithilfe von Akzeptanz den ersten Schritt in ein neues Beziehungsangebot gehen, wie zum Beispiel die gemeinsame Erstversorgung von Wunden oder die Entwicklung eines Ernährungsplanes.

Beharrlichkeit:

- » Das Thema Tod löst Angst aus. Doch regelmäßige Gespräche über den Sinn des Lebens und die Bedeutung von Tod sind wichtig, weil diese Fragen die Jugendlichen bewegen. Existenzielle Fragestellungen sind wichtig für die Persönlichkeitsentwicklung, damit suchen Teenager ihren Platz in diesem Leben.
- » Je offener du das Gespräch suchst, umso eher erkennst du Gefahren und kannst die Schönheit des Lebens vermitteln.

Trotz der täglichen Belastung und Sorge:

- » Bring immer wieder schöne Momente in euer Leben.

Eltern, passt auf euch auf!

Kinder brauchen in jeder Lebensphase Leuchttürme, die in einem festen Fundament stehen. Doch stürmische Zeiten fordern viel Energie und kratzen an unseren dicken Mauern. Das kann den Leuchtturm ins Schwanken bringen. Um als Leuchtturm ein sicherer Orientierungspunkt sein zu können, brauchst du eine starke Bindung an dein eigenes inneres Ich. Du solltest dich und deine roten Linien gut kennen und eine klare Haltung zu deinem Wertekompass und Mut zur Selbstreflexion haben. Sowohl die klare Haltung als auch die Selbstreflexion helfen dir, deinen Wertekompass regelmäßig zu prüfen.

Sicherheit kann nur der vermitteln, der selbst sicher ist. Wenn wir wissen, wo wir gerade stehen, wie es uns geht und was uns wichtig ist, dann sind wir immer öfter in der Lage, sowohl uns als auch andere liebevoll und gelassen durchs Leben zu navigieren – wie ein Leuchtturm, der zuverlässig sein Licht über das Wasser wirft.

Nun gehören depressive Verstimmungen oder sogar eine Depression zu den herausfordernden Zeiten für Familien bis hin zum Krisenmodus, in dem es nicht immer einfach ist, hindurchzunavigieren. Der stille Rückzug des eigenen Kindes, dieses fast komplette Blockieren, gar nichts mehr teilen zu wollen, nichts Positives sehen zu können, all das ist auch eine Form von Aggression. Du bietest Hilfe und Gespräche an, hast schön gekocht, und trotzdem reagiert dein Kind nicht. Vielleicht provoziert dich dieses Verhalten auch. Es macht dich wütend, und es drängt sich dir der Gedanke auf, dass du dir all die Mühe völlig umsonst machst. In diesen Situationen hilft eine deeskalierende Haltung gegenüber den Depressionswolken und ihren anstrengenden Verhaltensweisen.

Dein Kind braucht dich besonders in schwierigen Zeiten in deiner ganzen Klarheit. Wenn du es positiv auf der Beziehungsebene erreichen möchtest, solltest du einschätzen können: Was ist mit meinem Kind los? Was braucht es gerade? Und was macht mich gerade selbst wütend oder hilflos?

Präsenz ist *die* elterliche Kernkompetenz und der Schlüssel für eine stabile Entwicklung in der Kindheit. Sie steht für Bindung, Interesse, Sicherheit und Erwartungen. Diese Erwartungen können das Kind hemmen oder es in einer positiven Weise fordern, wie das Kind es von selbst nicht tun würde. Elterliche Präsenz, fest verankert im Alltag, entspannt viele Situationen. Wenn Präsenz zu einer stabilen Haltung entwickelt wird, kann sie die Bindung zum Kind vertiefen und formen. Bei Krisen, wie einer depressiven Verstimmung oder auffallendem wütenden Verhalten, existiert ein Fundament, auf das Eltern und Kinder dann zugreifen können.

In der Psychologie und Kommunikationswissenschaft hat Präsenz eine Schlüsselposition. Sie ist bedeutungsvoll für die Weiterentwicklung unserer Persönlichkeit. Laut Duden bedeutet Präsenz »Anwesenheit« – und zwar auf zwei Ebenen, der körperlichen und der geistigen. Geistige Anwesenheit heißt: Wir sind mit unseren Gedanken im Hier und Jetzt. Körperliche Anwesenheit bedeutet unter anderem: Ich spüre meinen Körper, spüre die Verbundenheit zwischen dem Boden und meinen Füßen und kann tief durchatmen.

Besonders in Zeiten, in denen Kinder für Eltern emotional herausfordernd sind, ist die Präsenz gefährdet. Die permanente Überforderung, Wachsamkeit und Sensibilität für die Not des eigenen Kindes ist ermüdend. Um die eigene Präsenz auch in Krisenzeiten aufrechtzuerhalten, braucht es auch Klarheit über die eigenen blinden Flecken. Du kennst deine Ängste und Unsicherheiten. Dabei müssen diese nicht zwangsläufig mithilfe einer Therapie bearbeitet werden, aber sie sollten bekannt sein. Und bei alten Bekannten und guten Freunden weißt du in der Regel, was er oder sie braucht und sich wünscht, wenn sie bei dir zu Besuch sind.

Seid euch eurer eigenen blinden Flecken bewusst

Die depressive Verstimmung deines Kindes ist auch deshalb ermüdend, weil sie dich regelmäßig mit deinen eigenen Unsicherheiten konfrontieren kann. Wenn dein Kind sich vernachlässigt und ungeliebt fühlt, berührt das vielleicht ein Thema aus deiner eigenen Kindheit. Vielleicht hast du hierzu Erfahrungen gemacht, die dich nun wieder verunsichern. Damit bist du kaum in der Lage, eine präsente Haltung einzunehmen. In diesen Momenten befindest du dich in der Auseinandersetzung mit *deiner* inneren Stimme (die Psychologie spricht auch vom inneren Kind), die dich daran erinnert, wie sehr du dich selbst nach Anerkennung sehnst.

Oft nehmen Eltern die Zurückweisungen durch ihr Kind zu persönlich. Sie glauben, als Eltern gescheitert zu sein oder alles falsch zu machen. Übernimmt also das eigene Thema, verlierst du den Fokus auf die Bedürfnisse deines Kindes, und damit geht auch der Kontakt verloren. Um das zu vermeiden, braucht es die regelmäßige Reflexionsarbeit zu den eigenen sensiblen Punkten. Um hier die Klarheit zu bewahren und dir deiner Themen bewusst zu werden, kann diese kleine Übung zur Selbstreflexion helfen.

Der innere Dialog – eine Übung zur Selbstreflexion

Der innere Dialog ist wichtig, um mit sich selbst gut im Kontakt zu bleiben. In herausfordernden Zeiten nimmst du dir die Zeit, mit einer kleinen Selbstreflexionsübung zu verstehen, wo du in dieser schweren Situation stehst und was du brauchst. Je öfter du in dich hineinhörst, desto schneller findest du Antworten auch in akuten

Situationen, in denen du glaubst, festzustecken. Du kannst dich mit folgenden Fragen innerlich »scannen«:

- Woher kenne ich diese Situation?
- Was fühle ich?
- Was macht mir Angst? Was macht mich wütend?
- Was habe ich daraus gelernt?
- Was brauche ich?
- »Choose your battles« – muss ich auf meine Prinzipien bestehen oder kann ich loslassen?
- Bin ich sicher in meiner Entscheidung?
- Brauche ich Zeit?
- Brauche ich Unterstützung?
- Was würde ich machen, wenn ich frei entscheiden könnte?

Eine andere kleine tägliche Übung kann dir helfen, in den Tag zu starten. Dabei empfehle ich im ersten Schritt, sich die Frage zu stellen: Wie bin ich heute da? Mit dieser Frage sortierst du dich für einen Moment und stellst fest, was dich gerade beschäftigt, welchen Gedanken du zur Seite schieben möchtest und ob du heute überhaupt schon mal durchgeatmet hast. Hierzu kannst du dich einmal von Kopf bis Fuß scannen, um Klarheit zu gewinnen, an welcher Stelle des Körpers etwas schmerzt, sich schwer anfühlt und wo sich Leichtigkeit und Energie befinden. Nach diesem kurzen Scan stellst du für dich fest, was heute ansteht, inwieweit du den Tag bewältigen kannst und was du womöglich dafür brauchst.

Nehmt euch Zeit für euch

Wenn ich Eltern frage, was sie für sich selbst tun, löst das in der Beratung meist Irritationen aus. Etwas für sich zu tun in einer Situation, in der es dem Kind nicht gut geht, ist für viele Eltern eine fast absurde Vorstellung. Dabei braucht die Familie jetzt besonders gestärkte und in sich ruhende Eltern. Und Kinder spüren schnell, wenn die Energie abfällt und ihr Leuchtturm Risse bekommt. Das aufopfernde Verhalten der Eltern, das Hintanstellen der eigenen Bedürfnisse löst bei Kindern auch Schuldgefühle aus, die sie womöglich niemals wieder loswerden.

Eigene Bedürfnisse ernst zu nehmen hilft nicht nur dir dabei, fest in deinem Fundament stehen zu bleiben, es lehrt dein Kind auch, wie wichtig es ist, sich auch um sich selbst zu kümmern. Mit deinem Vorbild vor Augen lernt es den bedeutenden Glaubenssatz: »Ich bin wichtig!«

Schaffe kleine Auszeiten

Auch wenn du das Gefühl hast, dass neben der Arbeit, Haushalt, Familie und den Sorgen um dein Kind keine Zeit für dich bleibt, finde die Zeit! Dafür braucht es nicht viele, aber regelmäßige Auszeiten. Trage dir feste kurze Sporteinheiten in deinen Kalender ein, vielleicht sogar draußen in der Natur. Denn Bewegung macht den Kopf frei und hilft dir, deine Gedanken zu ordnen. Atme bewusst die frische Luft. Spüre die Sonnenstrahlen in deinem Gesicht oder entdecke die Blüten im Park und trage dieses Bild und das Gefühl über den Tag in deinem Herzen.

Verabrede dich mindestens einmal pro Woche mit dir selbst, zum Beispiel in deinem Lieblingscafé. Verzichte dabei auf dein Handy, Buch oder Zeitung. Bestell dir dein Lieblingsgetränk und konzentriere dich auf deine Sinne. Nimm die Wärme, das Aroma und den Geschmack des Getränks wahr. Beobachte deine Umgebung und erlaube dir Gedanken wie: Wie geht es mir? Was brauche ich? Ist mein Wochen- oder Tagesprogramm zu voll? Worauf kann ich verzichten? Worauf habe ich Lust oder was ist mir besonders wichtig?

In Momenten der eigenen Orientierungslosigkeit ist es wichtig und gut, wenn Elternpaare sich die Zeit nehmen, gemeinsam ins Gespräch zu kommen beziehungsweise im Gespräch zu bleiben, um herauszufinden, was sie als Familie wollen. Ein gutes Elternteam, mit einem starken Wir-Gefühl, hilft dabei, dass ihr nicht mehr hilflos vor schwierigen Situationen steht. Gleichzeitig sichert es die Orientierung der Kinder.

Stärkt euer Wir-Gefühl

Noch heute beobachte ich häufig, dass einer der Partner die Hauptverantwortung in der Kindererziehung trägt, und meistens sind es immer noch die Mütter. Durch ihre unmittelbare Verantwortung leiden sie vielleicht am meisten, wenn es Probleme mit den Kindern gibt. Oft scheuen sie sich, ihr unmittelbares Umfeld in ihre Probleme einzuweihen. Sie schämen sich, weil sie ihre Kinder nicht allein aus den schwierigen Situationen manövrieren können. Sie schämen sich, weil sie die Schwierigkeiten nicht verhindern konnten, und fühlen sich verantwortlich. Oft haben sie auch beruflich zurückgesteckt, um sich ihren Kindern voll und ganz zu widmen. Zuzugeben, dass ihnen alles zu viel ist, dass sie manchmal am liebsten hinschmeißen würden, dass sie das eigene Kind mitunter zur Weißglut bringt, ist ihnen jedoch peinlich, viele haben dann das Gefühl, als Mutter versagt zu haben.

All diese Gefühle dürfen sein. Und es braucht einen geschützten Raum, in dem Eltern sich gegenseitig über ihren Frust, ihre Wut und ihr Glück austauschen können. Der Alltag bietet uns dahingehend viel zu wenig Möglichkeiten. Deshalb empfehle ich, regelmäßig eine Elternzeit einzuplanen, in der ihr Zeit und Raum für diese Gespräche habt. Dieser Termin ist genauso wichtig wie das Fußballtraining des Sohnes oder das Teammeeting auf der Arbeit.

Paarzeit ist Teamstärkung

Schon im normalen Alltagschaos vernachlässigen Eltern schnell ihre Paarbeziehung. Regelmäßige Gespräche, Nightdates oder ein gemütlicher Spaziergang zu zweit sind leider immer schnell gestrichen, wenn das Leben einem viel abverlangt.

Sofern Elternpaare auch noch Liebespaare sind, braucht auch die Liebesbeziehung eine liebevolle Zuwendung. Pflegt das Vertrauen und die Vertrautheit, sich so gut zu kennen, und nutzt dieses Wissen voneinander, um ein starkes Elternteam zu sein. Gemeinsam sind Krisen oft leichter zu überwinden als allein. Unterstützt euch, wenn ihr merkt, dass einer von euch eine Auszeit benötigt, oder greift liebevoll ein, wenn ihr bemerkt, dass der andere gleich die Nerven verlieren könnte.

Plant gemeinsam das weitere Vorgehen mit Ärzten, Therapeutinnen oder die Kommunikation mit Schule oder Freunden. Diskutiert die nächsten Schritte bei herausfordernden Verhaltensweisen eures Kindes. Und auch wenn ihr kein Liebespaar mehr seid, bleibt ihr ein Elternteam. Auch hier hilft es, gemeinsam zu handeln. Plant regelmäßige Termine, in denen ihr Informationen austauscht und euch über euer Kind verständigt. In diesem geschützten Raum sind jeder Gedanke, jede Sorge und jede Träne erlaubt.

Hier widmet ihr euch folgenden Fragen:

» Wie geht es euch als Eltern?
» Wie viel haltet ihr noch aus?
» Was habt ihr bisher schon alles gemacht?
» Welche Ressourcen hat jeder Einzelne?
» Was macht euch gemeinsam stark?
» Welche Regeln sind wichtig?
» Welche Werte wünscht ihr euch für die Familie?
» Wer kann wen in der Krise unterstützen?

Für diese Fragen solltet ihr euch Zeit nehmen. Manche Elternteams schreiben sich die gemeinsam entwickelten Gedanken auf oder entwerfen eine Mindmap, auf der sie vor allem ihre Ressourcen und Kompetenzen notieren. Gut sichtbar hinterlegt, ist die Mindmap eine Unterstützung, wenn du dich in einer Sackgasse befindest und eine Gedankenstütze brauchst. Eltern, die miteinander reden, diskutieren, aushandeln und sich gegenseitig respektieren, sind ein starkes Elternteam.

Nach dieser Reflexionsarbeit und den regelmäßigen Gesprächen zu fest vereinbarten Zeiten spüren Eltern oft Erleichterung und sehen eine Chance, Ruhe und Frieden in die Familie zurückzubringen. Denn wenn es Eltern individuell und als Paar oder Team gut geht und sie sich sicher und stark fühlen, hat die Familie die Chance, stabil und liebevoll mit Herausforderungen umzugehen. Krisen isolieren Menschen, obwohl sie doch gerade hier und jetzt Unterstützung brauchen. Und die erste Unterstützung sollte der Partner beziehungsweise zweite Elternteil sein.

Eine weitere Lösung kann natürlich auch das Hinzuziehen von Vertrauten aus dem privaten sowie professionellen Helfernetz sein. Um Rat zu fragen und um ihre Perspektive zu bitten, ist deshalb so wertvoll, weil manchmal gerade die Vertrauten mit ein bisschen Abstand in der Lage sind, Situationen anders zu beurteilen. Die eigene Unklarheit macht herausfordernde Situationen manchmal schwieriger, als sie wirklich sind. Und vor lauter Sorge sieht man den Wald vor lauter Bäumen nicht.

Baut euch ein privates Helfernetz

Ich habe weiter oben über das professionelle Helfernetzwerk geschrieben. Ein eigenes privates Helfernetzwerk ist aber genauso wichtig. Es soll dich und deine Familie unterstützen, für dich da sein, wenn du ein Gespräch oder Ablenkung von den Sorgen brauchst. Und auch im privaten Unterstützernetzwerk gilt es zu vertrauen. Dein Helfernetzwerk steht für weitere Leuchttürme und Hafenmeister in deinem Hafen. Da es sich um *deinen* Hafen handelt, verteilst *du* die Aufgaben an die einzelnen Leuchttürme. Du weißt, wen du in deinem Hafen brauchst. Oft ist der schwerste Schritt der, über die Situation zu sprechen. Mit anderen die Sorgen ums eigene Kind zu teilen. Es kann eine wunderbare Erfahrung sein, zu erleben, wie verständnisvoll und hilfsbereit dein Umfeld reagiert. Nachdem du diesen Schritt gegangen bist, bitte explizit um das, was du von jedem Einzelnen brauchst.

Vielleicht hast du einen Freund, der regelmäßig mit dir ein Bier trinken geht, oder eine Freundin, die dich einmal die Woche mit zum Sport nimmt. Vielleicht kann deine Mutter regelmäßig für die Familie eine Suppe kochen, damit du etwas mehr Zeit hast. Oder es gibt diesen coolen Onkel, der gern mit deinem Teenager Fußball spielen geht, ohne über Probleme zu reden.

Auch ein eigener Coach oder eine Therapeutin kann dich unterstützen. Hier kannst du jammern, ohne dass du befürchten musst, jemanden mit deinen Sorgen zu belasten oder verurteilt zu werden. Ordne in einem geschützten Raum deine Gefühle, Ängste und Unsicherheiten und nutze diese Ich-Zeit, um deine eigenen Grenzen zu erarbeiten, deine Strukturen zu überprüfen und vielleicht neu zu justieren.

Bedenke, ein präsentes Elternteam ist ein starkes Zeichen an deinen Teenager: Dein Kind erlebt, dass das Elternteam zusammenhält und Seite an Seite für sein Wohlergehen handelt. Es verstärkt das wichtige Gefühl: Ich werde gesehen und geliebt.

Um Krisen zu überwinden, braucht es eine klare Priorität – Selbstfürsorge für Mutter und Vater, für Ehefrau und Ehemann, also für dich selbst. Diese Strategien sorgen für eine gesunde Selbstfürsorge, die dich in der Krise fest in deinem Fundament halten. Denn Sicherheit, Vertrauen und innere Stärke kannst du nur dann selbstsicher vermitteln, wenn es dir selbst gut geht und du in Balance bist.

Toolbox: Elternberatung

- Stärke dich und verschaffe dir Klarheit mithilfe eines eigenen Coachings oder einer Elternberatung.
- Finde deine Grenzen. Mach dir bewusst, was dir wichtig ist und wo du nachgeben kannst.
- Entwickle Ideen für gegenseitige Bündnisse mit Schule, Freunden oder Familienmitgliedern.
- Schaffe Strukturen und Regeln, die für dich und deine Familie passen.
- Schaffe dir eigene Erholungsinseln im Familienalltag.

Tatsächlich kann ein gut überlegter Umgang in schwierigen Situationen für starke Nerven sorgen. Als Beispiel erzähle ich dir die Geschichte von Sonja und Anna.

Die vierzehnjährige Anna leidet seit einigen Wochen unter den Symptomen einer depressiven Verstimmung. Es gibt Tage, da ist Anna ein fröhliches junges Mädchen, das am liebsten stundenlang mit ihren Freundinnen quatscht oder mit ihnen gemeinsam zum Sport geht. Doch dann gibt es die Momente, in denen Anna sich in sich zurückzieht. Dann wird sie ruhig und möchte von niemandem angesprochen und schon gar nicht angefasst werden.

Ihre Mutter Sonja weiß, für Anna ist der Tag oft anstrengend. Auch wenn Anna viel mit ihren Freundinnen lacht, muss sie viele Außenimpulse während des Tages verarbeiten, die sie wiederum viel Energie kosten. Irgendwann ist Anna vom »Funktionieren« so erschöpft, als wäre die Batterie von einem Moment auf den anderen leer, und der Motor steht still.

Sonja ist sich bewusst: Ihre Tochter braucht Momente der Ruhe, um wieder aufzutanken. Sonja kennt diese Momente schon und hat sich mithilfe von Beratungsgesprächen eine Vorgehensweise für diese Situationen überlegt und eine gewisse Routine für herausfordernde Situationen entwickelt. Sonja stellt sich als Erstes immer die Frage: Ist diese Situation so wichtig, dass ich in den Widerstand gehe, oder lasse ich es laufen? Kämpfe ich gegen die Depressionswolke an, oder habe ich heute keine Kraft dafür?

Mit dieser Kompassfrage an das eigene Selbst gelingt es Sonja gut, viele Situationen mit einer inneren Kraft und Präsenz zu lösen. Doch natürlich gibt es auch Situationen, die sie trotz Routine und Selbstreflexion aus ihrem Fundament hauen.

Wie auf der Familienfeier, die Mutter und Tochter an ihre Grenzen bringt. Die Familie erwartet etwa 20 Gäste zu einem festlichen Abendessen. Alle haben sich sehr auf diesen Abend gefreut, über Wochen ist auch Anna mit den Vorbereitungen beschäftigt und macht sich viele Gedanken zu den Details.

Am Abend selbst gibt es dann diesen Moment: Anna trägt gemeinsam mit ihrer Cousine ein Gedicht vor und verhaspelt sich dabei. Außer Anna hat es kaum einer bemerkt. Doch Anna bringt dieser Moment so aus der Fassung, dass sie in ihr Tief abrutscht. Sie möchte nicht mehr am Essen teilnehmen, sich sofort in ihr Zimmer verziehen und mit niemandem mehr sprechen.

Sonja erzählt mir später, dass es für sie in diesem Moment das Einfachste gewesen wäre, Anna in ihr Zimmer gehen zu lassen. Sie hatte 20 Gäste im Haus und eigentlich keine Nerven für die tiefe

Frustration ihrer Tochter, die nun den ganzen Abend bedrohte. Doch Sonja hat durch ihre Beratungsgespräche verinnerlicht, dass es in diesen Momenten nicht darum geht, dass ihre Tochter eine Auszeit zum Auftanken braucht, sondern dass sie die Stabilität der Beziehung testet. Wenn Anna sich zurückzieht, ist es wichtig, dass sie als Mutter den Kontakt zu ihr weiter aufrechterhält. Also übernimmt ihr Mann die Feier, und sie zieht sich mit ihrer Tochter in eine stille Ecke zurück und spricht ganz ruhig mit ihr. Anna geht in den Widerstand: »Lass mich in mein Zimmer, ich ruiniere immer alles! Ich verderbe euch nur den Abend. Lass mich einfach gehen.« Doch Sonja bleibt ruhig, sagt Sätze wie: »Ich liebe dich, ich lasse dich jetzt nicht gehen. Wir bleiben jetzt hier so lange sitzen, bis du wieder in der Lage bist, mit mir zu unseren Gästen zu gehen.« Das ist der Moment, in dem Anna versteht, dass sie ihre Mutter nicht einfach loswerden wird. Ihr Widerstand bröckelt, und sie sagte: »Na dann geh du vor, ich beruhige mich und komme nach.« Auch hier wäre Sonja früher aufgestanden und hätte sich darauf verlassen, dass ihre Tochter nachkommt. Doch dieses Mal bleibt sie sitzen und wiederholt: »Ich warte auf dich, bis du so weit bist. Ich lasse mich nicht wegschicken. Ich sehe, es geht dir nicht gut. Deshalb bleibe ich hier und warte mit dir gemeinsam, bis deine Traurigkeit vorbei ist.« Und tatsächlich: Nach 15 Minuten steht Anna auf und setzt sich mit ihrer Mutter an den Tisch mit den Gästen und nimmt an der Familienfeier teil.

Anna hat unbewusst in dieser Situation die Beziehung mit ihrer Mutter getestet. Mit ihrem Widerstand hat sie 15 Minuten alles probiert, um zu sehen, ob Sonja sich von ihr wegschicken lässt. Durch Sonjas besonnenen und bestimmten Umgang mit der Situation konnte Anna die Erfahrung machen, wie sicher die Beziehung ist und dass sie in ihrer Not erkannt und gehalten wird. Sonja lässt sich nicht wegschicken, sie hat ihrer Tochter demonstriert: Ich bemerke, dass es dir schlecht geht, und ich bleibe bei dir, bis die Wolke weitergezogen ist. Wir stehen das zusammen durch. Du bist damit nicht allein.

Doch woher nimmt Sonja in dem Moment die Kraft, in dem es so viel zu bedenken gibt, in dem sie sicher nicht nur Anna, sondern auch die Gäste und die anderen Familienmitglieder mit im Sinn hat? Wie konnte sie in diesem Moment ruhig bleiben? In ruhigen Momenten hat Sonja mit ihrem Mann das Vorgehen solcher Situationen besprochen. Sie haben sich einen Notfallplan zurechtgelegt, an den sie sich halten, wenn schwierige Situationen aufkommen.

Anna und ihre Eltern stehen stellvertretend für viele Familien, die sich in der Situation befinden, dass das eigene Kind in der Pubertät depressive Symptome entwickelt hat. In der Familiensitzung entwickelt die Familie Strukturen im Familienalltag. Sie sollen allen Familienmitgliedern mehr Sicherheit geben. Dabei handelt es sich um Lern- und Chillzeiten. Zeiten für Freunde, Hobbys und Familie. Anna erzählt, dass Freunde und Sport ihr viel Halt geben und sie sich nach einem Treffen mit ihnen besser fühlt. Also vereinbart sie mit ihren Eltern, dass sie während der Woche regelmäßig Zeit für Freunde einplanen sollte.

Trotz des gemeinsamen entwickelten Plans entstehen besonders bei ihrer Mutter Sonja Gefühle von starker Verunsicherung. Durch die andauernde Sorge um ihre Tochter verliert sie langsam ihr Bauchgefühl, das ihr bisher dabei half, zu wissen, was gut für ihr Kind ist. In manchen Momenten ist Sonja unsicher, ob ihre Tochter sich gerade einfach nur pubertär verhält oder ob es doch die depressive Verstimmung ist. Wie soll ich handeln? Grenzen setzen oder doch darauf eingehen und in Beziehung gehen?

Sonja beschreibt diese Momente so, als würde sie im Nebel stochern oder auf Eiern laufen. Die Angst, eine falsche Entscheidung zu treffen, ist überwältigend. Die Entscheidung, heute keinen Besuch von Freunden zu erlauben und dafür das Erledigen der Hausaufgaben einzufordern, könnte womöglich die Depression verschlimmern. Aber es könnte auch sein, dass die Pubertät nach einer klaren Grenze ruft, also Hausaufgaben und Struktur dringend nötig sind. Vielleicht hat Anna bereits durchschaut, welchen sekundären Krankheitsgewinn sie durch die depressive Verstimmung hat und nutzt diese nur aus, um nur noch Freunde zu treffen und keine Pflichten mehr zu übernehmen. Wie kann Sonja erkennen, womit sie es zu tun hat – Pubertät oder depressive Verstimmung?

Um dein Bauchgefühl wieder zu spüren, nimmst du dir so viel Zeit, wie du brauchst. Kommuniziere das auch an dein Kind. Sprich deine Unsicherheit und deinen Wunsch nach Zeit zum Nachdenken aus: »Du bist mir wichtig und deshalb ist auch meine Antwort an dich wichtig. Ich werde mir darüber Gedanken machen, was für uns und für mich richtig und wichtig ist und komme dann auf dich zurück.«

Als gestärktes Elternteam kann auch Sonja Anna zurückmelden, dass sie sich zuerst mit dem Papa beraten muss. »Sobald ich beziehungsweise wir klar sind, komme ich auf dich zurück. Bis dahin werde ich nichts entscheiden.«

Gemeinsam gehen die beiden die Frage nach Freunde treffen oder doch Hausaufgaben erledigen durch und überlegen, wie sie ihre Tochter in den letzten Tagen erlebt haben. Dafür bringt jeder seine eigenen Gedanken mit ins Gespräch: »Sie war schon die ganze Woche unterwegs, und eine Pause könnte auch guttun.« Oder: »Wieder keine Hausaufgaben bedeutet noch weniger Motivation für die Schule.« Oder: »Anna wirkt die letzten Tage ausgeglichen, sie wird mit einer klaren Grenze umgehen können.«

Bleibt im Gespräch miteinander

Bei Anna und ihren Eltern wird in einem weiteren Familiengespräch sichtbar, dass Anna die Beziehung zu ihren Eltern sucht. Ihren Rückzug übersetzt sie als einen Hilferuf nach Aufmerksamkeit. Anna glaubt, dass sie für ihre Eltern nicht so wichtig ist und sie ihre Traurigkeit nicht ernst nehmen. Sie erzählt, dass ihre Mutter mit den Gedanken zu viel bei ihrem kleinen Bruder sei und ihr Vater immer nur müde auf dem Sofa liegt und nie nach ihr schaut. Daher habe ich den Eltern empfohlen, sobald Anna den Rückzug wählt, nah an ihr dranzubleiben, auch wenn Anna zunächst heftig abweisend reagiert. Dieses Vorhaben ist innerhalb der Familie besprochen. Anna weiß nun, dass beim nächsten Rückzug einer von ihnen bei ihr bleibt, bis sie spürt, dass sie nicht allein gelassen wird. Dabei vereinbaren wir folgende Gesprächsansätze:

- »Ich verstehe deine Angst.«
- »Ich halte die Angst/Unsicherheit mit dir aus.«
- »Egal wie lange du dich hier verkriechst, ich bleibe bei dir.«
- »Was brauchst du von mir? Ich warte, bis du so weit bist, es zu benennen.«
- »Brauchst du eine Umarmung?«

Und ihre Eltern versichern in diesen Momenten, dass ihr gesamtes Handeln auf ihrer Liebe zu ihr basiert und sie sich niemals von ihrem Rückzug und der Verzweiflung wegschicken lassen würden.

Für viele Eltern ist es eine große Überraschung zu erleben, dass, wenn sie eine Situation verändert haben, auch andere schwierige Situationen ohne ihr Zutun leichter werden. Es ist wie ein Dominoeffekt, und Eltern lernen mit der Zeit, was sie in schwierigen Situationen brauchen, sind reflektierter und selbstbewusster und werden instinktiv in den meisten Alltagssituationen präsenter. Das spüren die Kinder und nehmen diese neue Sicherheit und klare Orientierung für sich an.

Toolbox: Selbstfürsorge und innere Stärke

- Prüfe deine Präsenz.
- Kümmere dich auch um dich und dein Team.
- Stärke dich durch Selbstreflexion, mit Unterstützung des inneren Dialogs.
- Mache Ressourcen und Kompetenzen im Elternteam sichtbar.
- Unterstützt euch gegenseitig.
- Wähle *eine* Situation für die Veränderung aus.
- Plane deine eigenen Grenzen, Abläufe und Unterstützer.
- Bedenke Pausen und Zeitpuffer.
- Informiere deine Unterstützer über ihre Aufgabe.
- Bereite dich auf die Reaktionen des Kindes vor.
- Informiere auch die Kinder über die geplante Veränderung.
- Wiederhole den neuen Situationsablauf mehrmals und passe dabei auch die Zeiten der jeweiligen Abschnitte an.
- Beharrlichkeit: Behalte deine Geduld und Nerven, manchmal werden Veränderungen erst mit der Zeit sicht- und spürbar.

Bedenke: Es ist völlig in Ordnung, wenn ihr die Situation nicht immer in den Griff bekommt. Manchmal gibt es Tage, da klappt es einfach nicht, und du weißt nicht weiter. Dann sprich es an. In dem Moment, in dem du offen zeigst, dass du nicht weiterweißt, erst einmal nachdenken musst oder keine Lösung oder Energie für die Situation aufbringen kannst, bist du transparent, authentisch und vor allem präsent. Mit dieser neuen Präsenz vermittelst du die Sicherheit, die dein ängstliches Kind benötigt.

Freunde sind ein Lebenselixier

Kinder kommen mit einem starken Grundbedürfnis nach Zugehörigkeit auf die Welt. Es ist ein urmenschliches Gefühl, Teil einer Gruppe sein zu wollen. Dabei ist die Herkunftsfamilie, in die wir ungefragt hineingeboren werden, unser erstes soziales System, an das wir uns binden. Es ist unser Überlebensinstinkt, der uns im Familiensystem festhält. Mit einem beträchtlichen Aufwand, uns anzupassen, dazuzulernen, uns mit anderen auseinanderzusetzen, wollen und versuchen wir, das Bedürfnis von Zugehörigkeit zu stillen.

Vor allem Freundschaften spielen dabei eine Hauptrolle im Leben von Kindern und Jugendlichen. Manche Freunde bleiben, andere sind kurze Episoden oder lange Kapitel in unserem Leben. Freunde aus der Kindheit können auch nach vielen Jahren Kontaktpause noch immer das Gefühl von Sicherheit und Geborgenheit vermitteln. Andere sind gute Ratgeber, Wegweiser oder Partybegleiter. Mit manchen verbinden wir ein tiefes Gefühl der Verbundenheit und Liebe, andere enttäuschen und verletzen uns. Diese Erfahrungen sind wichtig für die Persönlichkeitsentwicklung. Durch unsere Freundschaften lernen wir, Menschen zu lesen und zu verstehen, und wir lernen über uns selbst, wen wir brauchen und wer uns guttut.

Schon in frühester Kindheit brauchen Kleinkinder Freunde zum Spielen. Dabei lernen sie die ersten Lektionen in sozialer Kompetenz und entdecken ihre Selbstwirksamkeit. Die ersten Vergleiche werden gezogen darüber, wie ich und der andere aussehen. Ob ich mein Spielzeug abgebe oder selbst etwas vom Kuchen abbekomme.

Bis zum Alter von circa zwölf Jahren sind Eltern in der Regel eng in das freundschaftliche Umfeld ihres Kindes involviert. Mit der Pubertät werden Jugendliche auch in diesem Bereich selbstständiger. Verabredungen werden autark vereinbart oder Freundschaften außerhalb des gewohnten Umfelds geschlossen. Kinder treten ohne ihre Eltern in neue Lebenswelten ein. Und beginnen, diese zu vergleichen. Sie entdecken neue Regeln, Werte und Lebenskonzepte. Dabei sind sie neugierig und fragen kritisch nach. Es kommt auch der Moment, an dem sie ihr eigenes, bekanntes Lebenskonzept infrage stellen, was manchmal zu Streit und Missverständnissen zu Hause führt. Es ist der gesunde Weg, sich zu einem selbstständigen jungen Menschen zu entwickeln. Dabei gilt für die Heranwachsenden: Ich entdecke Neues, vergleiche es mit Altbekanntem, und am Ende der Reise entscheide ich, was davon ich in mein eigenes Leben integrieren möchte. Deshalb sind Freundschaften so bedeutungsvoll. Es kommt die Phase, wo sie im Leben von Kindern und Jugendlichen die größte Rolle einnehmen. Denn in Freundschaften sind sie unter ihresgleichen. Sie suchen sich die Menschen, von denen sie sich gerade am besten verstanden fühlen. Die Veränderung am eigenen Körper, die Suche nach dem eigenen Ich und die Abnabelung von den Eltern, all das braucht Gleichgesinnte.

Besonders in der Pubertät gehen viele Kinder und Jugendliche eigentlich nur zur Schule, um ihre Peergroup zu treffen beziehungsweise mit ihr im Kontakt zu bleiben. Elterliche Ermahnungen darüber, dass eine bestimmte Gruppe oder diese eine Freundin nicht der richtige Umgang sein könnten, finden selten Gehör. Junge Heranwachsende versuchen oft mit aller Macht, Mitglied einer Gruppe zu werden, die sie nicht aufnehmen möchte oder umgekehrt. Obwohl eine Peergroup über Wochen das Größte war, kann sie ebenso schnell auch wieder aus dem Rennen sein. Jugendliche suchen ein soziales System, das sie mit gemeinsamen Zielen verbindet, das authentisch ist und sie willkommen heißt.

Diese intensive Phase der Freundschaftssuche, begleitet von Erfolgen und Misserfolgen, ist wahnsinnig anstrengend. Da bleibt nicht viel Kapazität für Themen wie Mathematik, Deutsch und Englisch. Die Suche nach Verbundenheit hilft, die eigene Persönlichkeit zu bilden, seine Identität zu finden und Wurzeln zu schlagen. Ähnlich verhält es sich mit dem Anschluss an eine Clique. Diese hat auch ihre Regeln und Werte, die dem Einzelnen Orientierung und Stabilität geben, und sie bietet eine wichtige Plattform, um die eigene Identität zu entdecken und zu stärken. Hier testen die Jugendlichen ihre Grenzen, wie sie auf andere wirken, wie sie ankommen, wie sie akzeptiert werden. Die Neugier auf das andere oder das eigene Geschlecht wird größer. Die ersten kleinen Flirts sind große Themen, da braucht es eine beste Freundin, den Kumpel oder die Clique, die unterstützen, beraten und vermitteln. Eine Rolle, die Eltern oft nicht mehr erfüllen können.

Ein offenes Haus

Manche Freunde von Kindern hinterlassen Sorgenfalten bei den Eltern. Doch neue Freunde zu verbieten, lässt die Situation in der Regel eskalieren und gefährdet vor allem die Beziehung zum eigenen Kind. Für die positive Begleitung bei Freundschaften gilt im Sinne der New Authority eine ausgewogene, wachsame Sorge. Eltern sollten ein ehrliches Interesse an den Freundschaften und Beziehungen ihrer Teenager zeigen. Natürlich lassen Eltern keine Mutproben, Alkohol auf Partys oder stundenlanges Gaming zu. Grenzen und Regeln sind also trotzdem nötig und helfen dabei, in brenzligen Situationen einzugreifen und zu unterstützen. Und auch wenn der Eindruck entstehen kann, die Jugendlichen hätten kein Interesse daran, was ihre Eltern denken und sagen, verlieren die Eltern nicht von heute auf morgen ihren Einfluss aufs Kind. Das zu glauben, wäre ein fataler Fehler. Es würde bedeuten, passiv zu sein, sein Kind einfach machen zu lassen, was es will, und es somit in gewisser Weise aufzugeben. Der Einfluss der Eltern ist in diesem Abnabelungsprozess vielleicht nicht mehr so deutlich zu erkennen, aber nun gilt es, auf das zu vertrauen, was du bisher an Werten vermittelt hast. Jetzt kann dein Kind seine Haltung, Werte und Regeln einsetzen, die im Laufe seines Aufwachsens fest in ihm verankert worden sind. Sie sind wie ein Leitfaden, der deinem Teenager in dieser neuen Lebensphase Orientierung gibt.

Die Herausforderung aber bleibt: Zum einen sollen Jugendliche sich abnabeln, und zum anderen brauchen sie ihre Eltern als Ratgeber und Unterstützer. Wie lässt sich in diesem Spannungsfeld eine gute Balance schaffen? Aus Rücksicht auf die Privatsphäre gar nicht mehr nach den Freunden zu fragen, kann Desinteresse vermitteln. Natürlich können und sollten die Eltern nach Freunden fragen und hier auch kontinuierlich Interesse zeigen. Besonders nach kritischen Vorfällen oder Streit zeigt ein interessiertes Nachfragen, dass sich die Eltern weiter Gedanken machen und ihren Kindern wirklich zugehört haben.

Ein »offenes Haus« ist der Schlüssel zu einem kontinuierlichen Beziehungsangebot an den Teenager. Die Freunde des Teenagers nach Hause einzuladen, ist eine wunderbare Möglichkeit, in Beziehung zu gehen. Dabei solltest du dich nicht gleich in den Hintergrund begeben. Etwas Gastfreundschaft und Small Talk zeigen deine Offenheit und signalisieren Interesse am Leben der Teenager. Jugendliche schätzen dieses Interesse und kommen gern wieder. Ernsthafte Gespräche mit Erwachsenen, von denen sie sich gesehen fühlen, empfinden sie als Beziehungsgeschenk. Viel zu oft erleben sie, dass keiner mehr richtig nachfragt. Es ist die Phase, in der Gespräche häufig von Gardinenpredigten über problematisches Verhalten oder die Wichtigkeit von guten Schulnoten geprägt sind. Deinem Kind zeigst du damit: »Ich interessiere mich für dich und für das, was dir wichtig ist. Ich bin auch dann offen, wenn manches für mich fremd ist. Ich möchte deine neuen Freunde kennenlernen. Dann kann ich dich auch in Ruhe gehen lassen.«

Wenn Freundschaften überfordern

Wie schon oben beschrieben, können depressive Verstimmungen auch im Zusammenhang mit Freundschaften entstehen. Für manche Teenager sind Veränderungen innerhalb der Klassengemeinschaft einschneidend. Für sie fühlt es sich bedrohlich an, wenn der beliebte Klassenlehrer die Schule verlässt oder die beste Freundin die Klasse wechselt. Umbrüche im Zusammenhang mit dem Wechsel auf weiterführenden Schulen, wie zum Beispiel nach der zehnten Klasse, wenn aus dem Klassenverband eine Kursstufe wird, können bei manchen Schülerinnen und Schülern das Gefühl von Einsamkeit auslösen. Bei weiterem Stress im neuen Klassenverband oder auch zu Hause können Rückzug und Trauer eine Reaktion sein. Hier ist es wichtig, nicht zu bagatellisieren, sondern diese Not ernst zu nehmen. Für deinen Teenager geht gerade die Welt unter.

Klara hat viele Freundinnen, aber sie empfindet es als ziemlich anstrengend, allen gerecht zu werden. Tina spricht immer schlecht über die anderen, und Ella und Jana machen sich furchtbaren Druck wegen ihrer Noten – dabei sind die beiden extrem gut in der Schule. Alle zusammen bilden eine Clique, in der es immer wieder Streit zwischen den Mädchen gibt, weil Tina sich von den anderen ausgeschlossen fühlt. Es gibt eine gemeinsame WhatsApp-Gruppe, in der eigentlich alles besprochen wird. Nun hat Tina aber herausbekommen, dass Klara sich nur mit Ella und Jana verabredet hat und diese Kommunikation über einen ganz anderen Nachrichtenkanal lief. Tina fühlt sich hintergangen und schreibt den Mädchen, wie unfair es ist, sich hinter ihrem Rücken zu verabreden. Nachrichten werden zwischen den Mädchen hin- und hergeschickt – mal direkt persönlich und manchmal im gemeinsamen Chat. Manche vertrauliche Nachricht wird abfotografiert und weitergeleitet. Klara ist völlig verzweifelt, weil Jana und Ella auch sauer auf sie sind. Denn Klara hat eine Nachricht von Ella weitergeleitet. In dieser steht, warum die Mädchen sich nicht mehr mit Tina treffen möchten. Um Tina zu beweisen, dass alle Mädchen von ihrer Art genervt sind, dachte Klara, es sei eine gute Idee, Tina diese Nachricht zu zeigen. Doch Tina wiederum reagiert mit einer bösen Antwort im gemeinsamen Chat, und Ella und Jana ärgern sich, dass Klara sie verraten hat. Klaras Mutter bemerkt die Verzweiflung ihrer Tochter und schlägt ein gemeinsames Gespräch vor. Doch durch das Hin- und Herschicken der Nachrichten, die sperrige Kommunikation mit Schrift- und Sprachnachrichten, sind so viele Missverständnisse entstanden, dass alle aufeinander sauer und zutiefst enttäuscht sind. Die persönlichen Verletzungen lassen die Mädchen sich voneinander zurückziehen und keine hat den Wunsch, den Vorschlag von Klaras Mutter aufzugreifen und die Situation mithilfe eines Gespräches aufzuklären.

Nach wenigen bis gar keinen sozialen Kontakten während der Pandemie ist der Umgang miteinander noch herausfordernder geworden. Wenn Jungen ihre Schwierigkeiten miteinander haben, fällt es dem Umfeld schnell auf. Oft streiten sie laut, mithilfe von Aggressionen und verbalen Attacken. Pubertierende Mädchen sind kompliziert und eher zickig miteinander. Konflikte finden meist in den Chats der Kinder statt. Dabei bleiben sie oftmals allein mit ihren Streitigkeiten.

Ich beobachte in meiner Praxis, dass Jugendliche heute noch mehr als früher die Unterstützung ihrer Leuchttürme in Freundschaftsfragen gebrauchen könnten. Sie haben in den vergangenen (Corona-)Jahren einige Entwicklungsschritte hierzu verpasst und stehen zum Teil auch neuen Entwicklungen gegenüber, für die es keine Vorbilder gibt. Freundschaften zu pflegen funktioniert heute anders als noch vor zehn oder gar fünfzig Jahren.

Neu ist zum Beispiel, dass Teenager untereinander viel offener und informierter über ihre Sorgen reden. Es ist heute weniger schambehaftet als früher, unter Gleichgesinnten über den eigenen Mental-Health-Zustand zu sprechen. Dabei erfahren sie untereinander Verständnis und Zuspruch. Sich gegenseitig zu helfen hilft dabei, sich besser zu fühlen.

Doch die Überforderung durch bestimmte Themen und auch die Sorge um die Freunde darf nicht unterschätzt werden. Ich höre immer wieder von Jugendlichen, die von Freundinnen erzählen, die mit einer Magersucht oder dem Ritzen zu kämpfen haben. Oder dass der beste Freund überlegt, von zu Hause wegzulaufen, oder davon spricht, dass das Leben keinen Sinn mehr hat. Mit diesen schweren Themen bleiben viele junge Menschen allein. Sie wollen ihre Freunde nicht verraten, wissen aber auch, dass der Kumpel oder die beste Freundin Hilfe braucht. Also was tun?

Tatsächlich können Eltern durch aktives, regelmäßiges Zuhören die Tür zu ihren Jugendlichen offenhalten. Mach immer wieder das Angebot: »Du kannst mit mir sprechen, ich höre dir zu.« Die Jugendlichen brauchen die Sicherheit, dass du als Leuchtturm das Problem ernst nimmst, aber auch nicht in unkontrollierten Aktivismus verfällst. Wenn du siehst, dass Hilfe notwendig ist, dann handle transparent: Erkläre, welches die nächsten Schritte sein sollten und dass ihr diese gemeinsam geht. Etwa ein gemeinsames Gespräch mit der belasteten Freundin zu führen, um ihr zu zeigen, dass sie nicht allein ist. Oder den Klassenlehrer für weitere unterstützende Hilfe zu informieren. Unterschätze nicht, wie entlastend es für den Teenager sein kann, dass er seinen Eltern seine Sorgen erzählen kann. Ein offenes Ohr ist oft schon die halbe Lösung.

Freundschaften geprägt von Social Media

Die Freundschaften unserer Kinder sind durch die Nutzung von sozialen Medien geprägt. Dabei begegnen sie einer Komplexität aus vielfältigen Kommunikationswegen und einer immensen Dichte ungefilterter Informationen. Kommunikation findet mehrheitlich über digitale Kanäle statt. Hier fechten junge Menschen ihre Konflikte aus, und das erfolgt nach ganz eigenen Regeln.

Das Smartphone und die damit verbundenen sozialen Medien haben unter Eltern, Großeltern und Lehrkräften in der Regel keinen besonders guten Ruf. Doch es ist ein fester Bestandteil unserer Welt geworden und wird es wohl auch bleiben. Um als Leuchtturm auch in dieser Hinsicht als Vertrauensperson wahrgenommen zu werden, brauchst du Informationen über Regeln und Werte der digitalen Welt.

Während der Pandemie haben viele von uns die Erfahrung gemacht, dass digitale Kommunikationswege ein Segen sein *können*. Kinder und Jugendliche konnten trotz Isolation miteinander in Kontakt bleiben. FaceTime-Konferenzen mit mehreren Freunden und dabei auch noch die Hausaufgaben zu machen, waren eine Erleichterung. Ohne dieses Medium wären manche Kinder und Jugendliche gänzlich vereinsamt.

Nun sind Freundschaftsregeln bei Instagram und Co nicht zu unterschätzen. Freunde sind Freunde, weil sie dir folgen, Entfolgen ist Hochverrat. Eine Anfrage annehmen, aber der Person nicht zu folgen, kann beleidigend sein. Bei Snapchat kommt es darauf an, ob du täglich einen Snap von den dir wichtigen Personen bekommst.

Nimmt dich deine Freundin nach einem Streit heraus, gilt dies als Kontaktabbruch.

Ich finde diese Regeln kompliziert, denn die meisten Unterhaltungen finden über Nachrichten, Voice Messages und Bilder statt. Immer wieder werden Nachrichten ungefragt an alle Freunde weitergeleitet. Dann wird im großen Kreis über das Verhalten einer Person diskutiert und bewertet. Eskalationsspiralen nehmen an Tempo auf, ohne dass die Teenager wirklich miteinander reden. Dabei verlieren Jugendliche wichtige Kompetenzen. Wertschätzende Gespräche, aber auch heftige Diskussionen von Angesicht zu Angesicht, während sie erleben, was die Konfrontation mit anderen macht. In der digitalen Welt bleiben Körpersprache, Gesichtsausdruck und Intonation des anderen verborgen, wenn es kein FaceTime ist.

Noch fehlt es an Vorbildern für soziales Benehmen in der virtuellen Welt. Doch was ist mit der Vorbildfunktion des Leuchtturms? Wie kommunizieren wir mit unseren Freunden? Führen wir noch Diskussionen am Küchentisch?

Eltern sollten Offenheit für die Kommunikationswelt der Jugendlichen mitbringen, aber auch andere Wege aufzeigen. Zum Beispiel können sie immer wieder dazu motivieren, auch mal jemanden anzurufen oder die Freunde nach Hause einzuladen. Auch gemeinsam ein schwieriges Gespräch führen, kann ein wertvolles Angebot sein. Und vielleicht hast du nicht sofort den Eindruck, dass du etwas erreichst, doch je verständnisvoller du deinen Teenager durch diese Zeit begleitest, umso mehr erlebst du, wie deine Beziehungsangebote, deine Ratschläge und Gespräche Spuren hinterlassen.

Toolbox: Komplizierte Freundschaften

- Zeig Interesse an den Freundschaften deines Kindes, frag nach dem besten Freund oder Freundin.
- Nimm Gespräche auch Tage später noch mal auf, um dein Interesse zu zeigen.
- Biete gemeinsame Gespräche mit Freunden und deinem Kind an.
- Manche Jugendliche fühlen sich einsam und unbeliebt, wenn sie mit Freunden streiten. Zeig deinem Kind, wen es noch in seinem Leben gibt.
- Besprich das Thema Freundschaft: Worauf kommt es in einer guten Freundschaft an? Was wünschst du dir von Freunden? Das sind wichtige Fragen für die persönliche Entwicklung.

Chancen und Gefahren der virtuellen Welt

Experten sind bis heute unsicher, ob es einen Zusammenhang zwischen dem Konsum von Social Media und stundenlangem Gamen mit depressiven Verstimmungen gibt. Klar nachgewiesen ist, dass, wenn Personen mit einem Hang zu depressiven Verstimmungen lange in der virtuellen Welt unterwegs sind, die Symptome sich verstärken oder bewusster wahrgenommen werden. Ebenfalls nachgewiesen ist, dass Konzentration, Impulskontrolle und das Miteinander durch zu viel Internetkonsum negativ beeinflusst werden. Denn das Gehirn ist nur begrenzt aufnahmefähig. Durch eine andauernde Reizüberflutung von kurzen Filmen und jeder Menge Bilder ist es mehr als plausibel, dass Unwohlsein bis hin zu depressiven Verstimmungen entstehen können.

Jugendliche brauchen Grenzen, Regeln und Vorbilder, um das Internet sinnvoll nutzen zu können und dabei gesund zu bleiben. Diese notwendige Orientierung brauchen sie vor allem von ihren Eltern. Doch Social Media ist *das* Thema, das viele Eltern täglich vor neue Herausforderungen stellt. In rasender Geschwindigkeit erfahren und erleben wir technische Neuerungen. Um die negativen Auswirkungen von stundenlangem Medienkonsum einzuhegen, braucht es regelmäßige Internetpausen, verbunden mit alternativen Angeboten im echten Leben.

Zoe und ihre Mutter bitten dringend um einen Termin bei mir. Zoe ist 16 Jahre alt, wirkt zart und lächelt offen. Ihre Mutter Maria ist aufgelöst. Sie hat vor ein paar Tagen einen Zettel von Zoe gefunden, auf dem ihre Tochter schreibt, wie sinnlos sie ihr Leben findet.

Zoe hört still zu, während Maria all ihre Sorgen und Ängste loswird. Sie erzählt, dass Zoe sich in den letzten Monaten oft in ihr Zimmer zurückgezogen hat, wenig isst und spricht und nur noch an ihrem Handy klebt. »Dieses furchtbare Smartphone! Ich verfluche den Tag, an dem ich meinem Kind dieses Ding gekauft habe! Ich verliere sie an das Internet!« Hier lächelt mich Zoe wissend an.

Ich spreche anschließend mit Zoe allein, und sie gibt zu, dass ihre Mutter recht hat. Zoe ist viel allein zu Hause. Sie macht sich nach der Schule eine Kleinigkeit zu Essen – wenn überhaupt – und verzieht sich dann in ihr Zimmer. Langeweile und das Gefühl von Einsamkeit bringen sie schnell ans Handy. Sie chattet mit Freunden, schaut YouTube-Videos und verfolgt das glamouröse Leben von Influencern. Wenn die Eltern am Abend nach Hause kommen, sind sie müde und oft sogar auch noch mit Sorgen aus ihrem Arbeitsalltag beschäftigt.

Zoe ist viel auf den sozialen Plattformen unterwegs. Zu Beginn folgte sie erfolgreichen Influencerinnen, und auch Zoe träumt von dieser Glitzerwelt und dem scheinbar leichtfüßigen Leben ihrer Idole. Doch mit der immer größer werdenden Traurigkeit und dem Gefühl, nicht verstanden zu werden, findet sie im Netz auch Teenager, die sich genauso fühlen wie sie. Da gibt es zum Beispiel diesen Rapper, der genau den Nerv dessen trifft, was sie gerade fühlt. Und sie hört einen Podcast, in dem eine siebzehnjährige Influencerin über ihre Depression spricht und als »Expertin« Tipps verteilt. Sogar ihren besten Freund hat Zoe in der virtuellen Welt kennengelernt. In der echten Welt sind sie sich noch nie begegnet. Sie verstehen sich, erzählen sich ihre Geheimnisse und helfen sich gegenseitig aus ihren Tiefs. Sie fachsimpeln über psychiatrische Kliniken und diskutieren über Sinn und Unsinn von Suizid. Zoe sagt: »Meine Eltern verurteilen diese Freundschaft. Sie glauben, ich gerate noch tiefer in meine Depression. Deshalb halte ich diesen Kontakt geheim.«

Der regelmäßige Rückzug in die virtuelle Welt verschlimmert die Schwermut von Zoe. Zu Beginn der problematischen Phase schoben es ihre Eltern noch auf die Pubertät. Doch auch mit 16 Jahren sollten junge Mädchen sich lieber mit ihren Freundinnen draußen treffen, als sich in sich zurückzuziehen. Der ständige Einfluss einer fiktiven, scheinbar wunderbaren Welt, in der alles leicht und jeder schön ist, kann diese Schwermut verschlimmern und unter Umständen auch zu einer Depression führen.

Zoe braucht eigentlich Eltern, die nachfragen, dranbleiben und sich von ihr zeigen lassen, mit welchen Welten sie sich befasst. Wegschauen und Verbote bewirken da das Gegenteil. Die Jugendlichen agieren im Verborgenen, und die Eltern verlieren den Kontakt zu ihren Kindern. Sie verpassen womöglich so den Moment, in dem sie noch unterstützen können. Ist die Beziehung erst einmal gestört, wird es besonders in Krisenzeiten schwer, wieder in Kontakt zu kommen. Denn der Einfluss des Netzes, in dem die Jugendlichen sich schnell verlieren können, ist groß. Teenager suchen Verbündete, die sie in ihren Bedürfnissen verstehen. Das Netz bietet dafür *alles* an. Informationen, Entertainment, unterschiedliche Kommunikationskanäle und die passenden Communitys sind mit wenigen Klicks zu erreichen.

Eine DAK-Studie konnte ein durch Corona ausgelöstes verändertes Nutzungsverhalten von sozialen Medien bei Kindern und Jugendlichen nachweisen.[12] Der Studie zufolge sind Langeweile und soziale Kontakte der Motivationsmotor schlechthin für das tägliche

Nutzen von Social Media. Eine höhere Nutzungszeit während der Pandemie konnte nicht nur bei Kindern und Jugendlichen, sondern auch bei Eltern nachgewiesen werden.

In meiner Praxis beobachte ich immer wieder, dass Eltern die Nutzungsdauer und die Nutzungsart der Medien durch ihre Kinder oftmals nicht beziehungsweise nicht ausreichend reglementieren. Doch meines Erachtens ist es unabdingbar, dass es innerhalb der Familie ganz klare Regeln zur Mediennutzung gibt.

Vorbild sein – auch in digitalen Fragen

Doch bevor über Regeln entschieden werden kann, brauchen Eltern eine Haltung zu diesem Thema, um ihre eigenen roten Linien und Werte zu kennen. Natürlich gibt es Empfehlungen zu Nutzungszeiten, WLAN mit Kinderschutz, Zeituhr und Apps, die die Nutzung kontrollieren und vieles mehr. Damit Regeln gut durchgesetzt werden können, müssen Eltern sich darüber klarwerden, welche Regeln in ihren Familienalltag passen. Wahrscheinlich hast du zum Beispiel als IT-Expertin einen anderen Blick auf die Mediennutzung als jemand, der ein Smartphone nicht gern nutzt. Bist du jemand, der immer noch gern die Zeitung oder das Buch zum Lesen in der Hand hält oder doch lieber nur alles digital mit dir trägst? Das heißt, auch in digitalen Fragen sind die Antworten so unterschiedlich wie Lebenskonzepte.

Eltern beschreiben mir ihre Ängste und Sorgen in Bezug auf die ausschweifende Nutzung von Social Media und Onlinespielen. Doch wenn ich konkret nachfrage, wissen sie oft gar nicht, was ihre Kinder im Netz tatsächlich tun. Die größte Sorge ist meist, dass die Nutzung von Social Media den Kindern nachhaltigen Schaden zufügt, ihre gesunde Entwicklung hemmt und das eigene Kind ans Internet verloren geht. Als Nicht-Experten der virtuellen Welt werden Eltern von ihren Teenagern in dieser Beziehung jedoch oft nicht ernst genommen. Wenn Eltern auf diesem Gebiet als Leuchttürme wirken wollen, benötigen sie Wissen und Neugier. Nur damit können sie ihre Aufgabe erfüllen, dringend notwendige Regeln, Werte und rote Linien festzulegen.

Dabei sollten sich die Eltern der eigenen Vorbildfunktion bewusst sein. Der innere Dialog und ein bewusstes Reflektieren können auch hier helfen. Stell dir folgende Fragen:

» Wie viel Zeit verbringe ich eigentlich am Tag am Handy?
» Wie oft höre ich nicht richtig zu, weil ich gleichzeitig noch schnell eine Nachricht lese oder eine E-Mail schreibe?
» Wie oft halte ich mein Handy in der Hand, während ich mich an mein Kind wende?

Diese Selbstreflexion hilft dir zu erkennen, welches Vorbild du für dein Kind bist. Du schaffst damit eine Grundlage, auf der du dich für Regeln im Umgang mit dem Handy entscheidest.

Gemeinsam die Welt des Smartphones erkunden

Gemeinsam die Möglichkeiten eines Smartphones zu entdecken, sich für die richtigen Apps zu entscheiden, Regeln einzuführen (zum Beispiel einmal pro Woche Chatgruppen gemeinsam durchgehen und besprechen oder Nutzungszeiten vereinbaren), kann herausfordernd sein. Mit Kindern im Alter von zehn bis zwölf Jahren ist es noch verhältnismäßig einfach, auf eine gemeinsame Reise zu gehen:

» Vereinbare Nutzungszeiten.
» Bedenke Zeiten für die Kommunikation mit Freunden, Social Media, Spiele und Hausaufgaben.

» Überlege, ob du Fernsehzeiten extra festlegst.
» Installiere eine Sicherheitsapp.
» Frage regelmäßig nach, was in den Chatgruppen los ist.
» Sprecht gemeinsam über neue Phänomene im Netz, wie zum Beispiel Mutproben, die durch die digitalen Kanäle verharmlost werden.

Ab circa 14 Jahren bestehen Teenager immer mehr auf ihre Privatsphäre, trotzdem brauchen sie weiterhin Regeln und vereinbarte Nutzungszeiten für digitale Medien. Hier zahlt sich ein frühes Einführen von klaren Regeln aus. Tatsächlich sind Teenager auch mit 16 Jahren noch offen für Hilfe und Unterstützung.

Sprechen wir mit unseren Kindern offen und vertrauensvoll über Chatverläufe oder neue Spiele, beschützen wir sie, ohne in ihre Privatsphäre einzudringen. Durch diese positive Erfahrung lernen sie, uns als Eltern teilhaben zu lassen, und wissen, dass sie sich jederzeit an uns wenden können. Kontrollmechanismen wie Ortungs-Apps, Nutzungszeiten-Apps oder Sicherungen für das Internet können natürlich installiert werden, sollten aber vorab besprochen sein. Denn nur so sichern wir Eltern uns das Vertrauen unserer Kinder. Und erst dann können wir zu wertvollen Ratgebern werden, und unsere Kinder erleben unsere Grenzsetzung als Beweis unserer Liebe zu ihnen. Gemeinsam Wege für einen respektvollen Umgang mit diesem Thema zu überlegen, ist für jedes Mitglied im Hafen sinnvoll.

» **Regeln festlegen**
Regeln für Nutzungszeiten und Pausen können durchaus gemeinsam diskutiert und festgelegt werden. Dabei ist es jedoch wichtig, auch Details wie Hausaufgaben mit in Betracht zu ziehen. Sonst gerätst du schnell in die Situation, Zeiten immer wieder neu aushandeln zu müssen.

Ein gemeinsamer Ablageort für das Smartphone in der handyfreien Zeit und für die Nacht hilft schon deshalb, weil du dann für die Kontrolle nicht allen hinterherrennen musst.

Bei Jugendlichen mit einer kleinen Depressionswolke über dem Kopf sind handyfreie Zeiten grundsätzlich entlastend für die Seele. Manche beginnen sogar freiwillig, ihr Handy regelmäßig beiseitezulegen.

» **Schau hin und lass dir von Teenager-Experten die digitale Welt erklären**

Jugendliche möchten ernst genommen werden. Das Thema der digitalen Welt eröffnet hier eine Chance, sie in ihrem Fachwissen ernst zu nehmen. Eltern sind meist noch immer digitale Immigranten und müssen diese Welt erst erlernen. Teenager wiederum können die Verbindung für Eltern in die digitale Welt sein. Um nicht den Anschluss zu verlieren, sollten Eltern neugierig und beharrlich bleiben. Fragt nach und nehmt euch die Zeit, euch Computerspiele oder neue Programme erklären zu lassen. Es ist keine Schande, wenn die Kids einen Wissensvorsprung haben. Sie sind die digitalen Experten und teilen gern voller Stolz ihr Wissen. Deshalb besuche deinen Teenager im eigenen Zimmer und lass dir zeigen, was er gerade am Computer macht. Welches Spiel ist gerade spannend, und mit wem wird gezockt? In manchen Spielen schlüpfen die Teenager in spannende Rollen. Das kann ein guter Weg sein, um ins Gespräch zu kommen. Denn auch diese Rollen können etwas über den Teenager erzählen. Vielleicht versteckt sich im Kinderzimmer ein Held oder ein sensibles Herz, das lieber in Deckung geht, als zu töten.

» **Beharrlichkeit – Lass dich nicht fortschicken**

Manche Jugendliche vergraben sich tief in der Spielewelt, um vor der realen Welt mit ihren anstrengenden Gefühlen und schulischen Herausforderungen zu fliehen. Hier brauchst du viel Zeit und ein beharrliches Beziehungsangebot, um sie aus dieser Welt wieder herauszuziehen.

Die New Authority hat dazu ein bedeutendes Tool entwickelt, das mit elterlicher Stärke die Beziehung mit der Jugendlichen korrigiert. Das Sit-In gilt als eine gewaltfreie Demonstration gegen das herausfordernde Verhalten des Kindes. Eltern demonstrieren damit, dass sie das Verhalten ihres Kindes nicht akzeptieren und alles unternehmen, damit es aufhört, damit es dem Kind und der Familie wieder gut geht. Dahinter steht vor allem das Verständnis, dass Eltern ins Handeln kommen und die Situation verändern. Dabei erwarten sie keine Veränderung vonseiten des Kindes. Ich empfehle Eltern eine Intervention, die sich am Sit-In orientiert. Dabei setzen Eltern ein Zeichen, dass sie wieder näher heranrücken, sich nicht fortschicken lassen und selbst kontrolliert und beharrlich Beziehung und Interesse anbieten.

Das Sit-In

Es handelt sich hier um einen regelmäßigen Besuch im Zimmer deines Kindes, mit einem gleichbleibenden Ablauf. Vielleicht brauchst du eine Unterstützerin, die auch mal einen Besuch übernimmt. Plane, an welchen Tagen in der Woche und zu welchen Uhrzeiten du ins Zimmer gehst und ob du dafür Getränke und vielleicht Kekse brauchst. Entscheide im Voraus, wo du dich im Zimmer hinsetzt und wie viel Zeit du einplanst. Lass dein Handy draußen, es könnte dich ablenken. Beim Betreten des Zimmers grüßt du freundlich und fragst, wie es deinem Kind geht. Und auch, wenn du keine Antwort bekommst, setzt du dich bequem hin und schaust einfach zu, wie es am Computer oder Handy spielt. Vielleicht bringst du für euch beide ein Getränk mit. Diesen Besuch wiederholst du immer wieder, ganz regelmäßig. Und wenn du mal nicht kannst – es gibt Tage, da fehlen einem die Nerven dafür, ignoriert zu werden –, schickst du deinen Partner oder eine Freundin, Oma oder Opa ins Zimmer. Wichtig ist, dass alle das gleiche Ritual durchführen. Manchmal braucht es Zeit, bis das genervte Kind bereit ist, mit uns zu reden. Das ist okay! Wichtig ist nur, dranzubleiben, immer wieder nachzufragen. Damit machst du klar: »Du bist uns wichtig! Wir interessieren uns für dich!«

Die Balance zwischen Loslassen und Sorgen

Das Internet ermöglicht den Zugang zu vielen Informationen und Lebensentwürfen, die Offenheit, unangenehme Themen anzusprechen und die eigene Persönlichkeit dabei mutig zu zeigen. Viele Stars und Sternchen nutzen als Influencer ihre Reichweiten und sprechen offen über psychische Belastungen. Das macht Teenagern Mut, auch über die eigene psychische Not zu sprechen. Themen, die früher schambehaftet waren und deshalb geheim blieben, bekommen nun eine Bühne. Der neue Umgang öffnet Wege, um Unterstützung zu bitten. Doch trotz der Vorteile darf nicht ignoriert werden, dass die Enttabuisierung, die fehlende Regulierung im Netz und das Unvermögen, Sachverhalte auch mal infrage zu stellen und Hintergründe zu recherchieren, junge Heranwachsende in ernsthafte Gefahr bringen können.

Sobald ein Nutzer sich für ein bestimmtes Thema interessiert, stellt sich der Google-Algorithmus darauf ein und füttert den User ungefragt mit immer mehr (vermeintlich) dazu passenden Inhalten. So gerät eine depressive Jugendliche schnell in den Sog von Depressionsgruppen, die ihre Verzweiflung verschlimmern können und den Blick für Positives verstellen. Mutproben, Selbstmord-Foren und Gruppen, die Challenges zum noch schneller und heimlicher Abnehmen anfeuern, sind gefährlich.

» **Biete Alternativen im realen Leben an**
Influencer, die eine vermeintlich perfekte, schöne Welt zeichnen, können bei zu viel Konsum und zu wenig Alternativen deprimieren. Bilder von jungen Menschen mit scheinbar perfekten Körpern und der ersten Million auf dem Konto lassen manche jungen Menschen frustriert zurück. Sie glauben, ihr Leben läuft verkehrt, weil sie diese Ziele nicht erreichen. Sie sind mit einer Flut solcher angeblichen Erfolgsgeschichten konfrontiert und glauben an diese »Wahrheiten«.

Da hilft es, gemeinsam das Netz nach alternativen Geschichten zu durchforsten und immer wieder Aktivitäten in der realen Welt anzubieten. Gespräche mit echten Menschen und aus der realen Arbeitswelt können neue, reale Perspektiven aufzeigen.

» **Informationen gemeinsam sammeln und diskutieren**
Um zu einem ernsthaften Partner für das Aushandeln von gemeinsamen Umgangsregeln zu werden, biete deinem Jugendlichen an, dass ihr euch zum Beispiel gemeinsam Filme über die Macht und den Einfluss des Internets (ein großes Angebot findet ihr unter anderem auf der Streamingplattform Netflix) anschaut und danach darüber diskutiert.

» **Beratungsstellen und Workshops**
Spezialisierte Beratungsstellen, wie zum Beispiel die Onlineplattform SCHAU HIN!, können dich und deine Familie beim Umgang mit Medienkonsum mit sinnvollen Ratschlägen unterstützen. Hier findest du immer aktuelle Empfehlungen.

Fortbildungen und Informationsveranstaltungen für alle Mitglieder der Schulgemeinschaft stärken jeden Einzelnen und das Schuldorf.

» **Behalte deinen Wertekompass im Blick**
Auch wenn wir uns offen und neugierig von unseren Teenagern die digitale Welt erklären lassen und sie in Entscheidungsprozesse einbinden, so haben wir auch unsere eigenen roten Linien, geprägt von unserem Wertekompass. Dieser nimmt Einfluss auf Entscheidungen, die den Jugendlichen nicht immer passen. Das sollte dich aber nicht verunsichern, denn fest steht: Eltern sind die Vorbilder für ihre Teenager. Ihren Respekt verdienst du dir durch Authentizität und Klarheit. Selbst wenn die Kids nicht alles cool an ihren Eltern finden: Sie lieben ehrliche, liebevolle und nicht ganz perfekte Eltern und akzeptieren dann auch ein »Nein«. Diese Beharrlichkeit, das freundliche Dranbleiben und die wertschätzenden Gespräche lassen dich und euch wachsam sorgende und liebende Eltern sein.

Toolbox: Loslassen und Beharrlichkeit

» Zeige Interesse an dem, was dein Kind am Handy macht.
» Bei starkem Rückzug lässt du dich nicht wegschicken, sondern rückst wieder näher heran (Sit-in).

Jugendliche telefonieren gern mit mehreren Freunden gleichzeitig und angeschalteter Handykamera. Diese Angewohnheit eröffnet auch Eltern neue Möglichkeiten:

» Nutze die eingeschaltete Kamera, um den Freunden Hallo zu sagen, zu fragen, wie es allen geht, und dann auch wieder aus dem Bild herauszugehen.
» Ein regelmäßiges, kurzes »Check-in« stärkt die Beziehung und macht dich präsent.

Du bleibst im Bild:

» Außerdem ist die Hürde, ein kompliziertes Thema anzusprechen, nicht mehr so hoch. Dich um Rat zu fragen, ist dann naheliegend. Auf diese Weise hast du auch die Chance, eigene Ideen und Werte in die Gespräche einzubringen.

Schule als Teil der Gemeinschaft

Zwei Säulen im Ansatz der New Authority sind das Netzwerk und der Gemeinschaftsgedanke. Krisen werden eher gemeistert, wenn wir sie nicht allein bewältigen müssen. Viele Problematiken verlieren ihr Bedrohungspotenzial, wenn ich meine Probleme teile und dabei Wertschätzung und Unterstützung erfahre. Jedes Mal, wenn ich als Therapeutin eine Schule über die Zusammenarbeit mit einer Familie informiere, erlebe ich, wie sich Entlastung auf allen Seiten bemerkbar macht. Der Gedanke, wir sitzen im gleichen Boot und wollen im Idealfall auch in die gleiche Richtung, bringt schon etwas Ruhe ins System.

Mein Team und ich wünschen uns oft, dass es noch viel mehr Menschen da draußen geben möge, die die Sprache der New Authority sprechen und ihre Haltung teilen. Angetrieben von diesem Wunsch, Gleichgesinnte zu finden, reisen wir gemeinsam durch Deutschland, besuchen Schulen und lernen deren Teams kennen. Wir vermitteln den Lehrkräften die Haltung und Tools der New Authority, mit dem Ziel, immer mehr Menschen zu inspirieren. Wir werben für die Stärkung des Wir, Mut zur Transparenz und einer engen Zusammenarbeit mit Eltern. Beziehungsorientierte Arbeit mit der Schülerschaft und ein Bewusstsein für die eigene Haltung und roten Linien stärken den Leuchtturm. Tatsächlich ist der Blick auf den Leuchtturm auch für Lehrkräfte ungewohnt. Lehrkräfte schauen nicht auf sich und erlauben sich nicht die Frage, was sie in herausfordernden Situationen brauchen. Sie sind nach dem Prinzip geprägt, primär das Kind im Blick zu haben. Dabei fühlen sie sich traditionell als Einzelkämpfer. Es herrscht kaum eine Kultur von einem stärkenden Wir im Schulkollegium. Wir versuchen, die Idee zu stärken, dass Eltern, Schüler und Schülerinnen sowie Lehrkräfte und Erzieher eine Gemeinschaft sind, die es gemeinsam zu gestalten gilt. Der Leitgedanke bei dieser Gemeinschaftsaufgabe ist, sich respektvoll gegenseitig für das Erreichen des gleichen Ziels einzusetzen. Und dieses Ziel bedeutet, anknüpfend an mein Hafenbild, die vielen kleinen Boote bestmöglich für ihre Lebensreise auszustatten.

Wie Schule prägt

In meinen Vorträgen vor Schulteams und auf Elternabenden werbe ich für eine Sensibilisierung in Sachen Schulprägung. Die Prägung der Kinder durch das Elternhaus und die damit verbundenen Chancen für ein gesundes und glückliches Leben sind schon oft diskutiert worden. Ich denke aber, dass wir noch zu wenig auf das schauen, was Schule mit der Persönlichkeitsentwicklung von Kindern und Jugendlichen macht.

Ich höre die unterschiedlichsten Schulgeschichten, positive wie negative. Und es ist zum einen schön und zum anderen oft auch erschreckend, was Schulerlebnisse für einen Einfluss auf die weitere Entwicklung von jungen Menschen haben. Wir brauchen einen wertschätzenden und respektvollen Umgang in der Schule, denn Schüler und Schülerinnen sollen nach der Schule im besten Fall unsere Gesellschaft stärken und formen. Es sind die gleichen Menschen, die später selbst Lehrende oder Eltern werden. Die gleichen Menschen, die dann auch ihre Kinder und die Schülerschaft durch die Schulzeit begleiten müssen. Schulerlebnisse, geprägt von Wertschätzung und Zugewandtheit, ermöglichen einen offenen und positiven Umgang miteinander. Doch wie kann ein Mensch angstfrei in die Schule gehen, wenn er dort Erniedrigung und Selbstzweifel erlebt?

Da gibt es die Geschichte des zehnjährigen Daniels, der mit seiner AD(H)S kaum ruhig sitzen bleiben kann und den Unterricht täglich durch unerlaubtes Herumlaufen im Klassenraum stört. Daniels Mutter sucht das Gespräch beim Klassenlehrer, erklärt ihm, welche Diagnose Daniel hat und was die Kinderärztin und der Ergotherapeut für den Unterricht empfehlen. Doch der Klassenlehrer hat sich eine andere Lösung überlegt. Er erwartet Daniel morgens mit seiner Gitarre an der Klassentür und singt ein Lied, darüber, was Daniel wohl heute anstellen und wie er den Schultag trüben wird.

Oder die Geschichte von einem Schüler, der beim Dealen erwischt wird. Die Schulleiterin will ihm mit Gesprächen und Hilfsangeboten eine zweite Chance geben. Doch die Mutter des Schülers beharrt auf der Unschuld ihres Kindes und lässt keine weitere Kooperation zwischen Familie und Schule zu. Die Schulleiterin bittet die Polizei in die Schule, informiert die gesamte Schulgemeinschaft darüber, dass es in der Schule ein Drogenproblem gibt. Daraufhin organisieren die Elternvertreter in Absprache mit der Schulleitung Vorträge über den Umgang mit Drogen, und für die Schülerschaft finden Workshops dazu statt. Die Schulleiterin erzählt rückblickend, dass sie von sich selbst so enttäuscht ist, dass sie diesem einen Schüler nicht helfen konnte und er die Schule ohne einen Schulabschluss verlassen hat. Von ihrer Schulgemeinschaft bekommt sie das Feedback, dass sie durch ihr unmittelbares Handeln ein starkes Zeichen gesetzt hat. Mit der Organisation von Informationsveranstaltungen, einem offenen Ohr für viele Schüler und Schülerinnen und auch Eltern, die mit ihren Sorgen und Ängsten zu ihr kommen, sorgt sie für einen sicheren Schulhafen.

Dann ist da die neunjährige Lulu, die mit ihrer Mutter aus der Ukraine geflüchtet ist. Lulu freut sich auf die Schule und die neuen Freunde. Aber sie tut sich schwer in Deutsch, ist unruhig und kann ihre Aufgaben nicht eigenständig lösen. Im Gespräch mit der Mutter sagt Lulus Lehrerin, dass Lulu ihre Unterrichtsabläufe stört und sie eine Klassenstufe tiefer besser aufgehoben wäre. Lulus Mutter gibt zu bedenken, dass eine weitere Veränderung für Lulu schwer zu verkraften sei. Die Lehrerin setzt Lulu daraufhin in die hinterste Sitzreihe und bemerkt in regelmäßigen Abständen, dass sie mehr stört als alle anderen Klassenkameraden zusammen.

Schulerlebnisse wie diese begleiten unsere Kinder im Leben und nehmen Einfluss auf ihre Gefühle, ihre Glaubenssätze, ihr Selbstbewusstsein und Zutrauen. Schulprägung kann einen entscheidenden Faktor auf Zukunftsentscheidungen nehmen. Hast du dich mal gefragt, was deine Schulgeschichte mit deinem Beruf oder deinem Lebenskonzept zu tun hat?

Auch wenn manche Schulgeschichte auf den ersten Blick schwierig klingt, lade ich dazu ein, jede einzelne Geschichte aus mindestens zwei Perspektiven zu betrachten. Zum einen aus der Perspektive des Schülers oder der Schülerin, die durch ein negatives Schulerlebnis noch wütender, ängstlicher oder verzweifelter werden *müssen*. Die andere Perspektive ist die des Lehrers oder der Lehrerin. Was bewegt diese Autoritätsfiguren, in bestimmten Situationen so zu handeln? Vielleicht lohnt es sich, einen Blick auf die Gesamtsituation zu werfen. Vielleicht gibt es zu viele verhaltensauffällige Schüler in einer Klasse. Vielleicht braucht die Lehrkraft Unterstützung, um aus einer Überforderung herauszukommen. Und vielleicht hat die Lehrkraft eine eigene schwierige Schulgeschichte, die ihr den Blick nimmt, in kritischen Situationen reflektiert zu reagieren. Hier zeigt sich, wie entscheidend es ist, ob die Lehrkraft sicher im Fundament steht. Die Lehrkraft sollte in der Lage sein, eine schwierige Situation mit einer Schülerin nicht als persönliches Versagen oder als Angriff auf sich selbst zu erleben. Sie sollte es schaffen, eine Vogelperspektive einzunehmen, die Schülerin mit ihrem Verhalten zu sehen und mit der Kraft des Teams, der gemeinsamen Werte und Regeln eine Lösung zu finden. Sobald hier Klarheit herrscht, reagiert die Lehrkraft nicht impulsiv oder beleidigend, sondern ist in der Lage, Kontexte zu erschließen und Schülerinnen oder Schüler in ihren Nöten die richtige Hilfe anzubieten und sich Unterstützung dazuzuholen. Mit dieser präsenten Haltung wird es zum einen möglich, in herausfordernden Situationen nachhaltig zu helfen und zum anderen, seelische Nöte in der Schülerschaft zu vermeiden.

Damit das erfolgreich gelingt, brauchen wir die Zusammenarbeit von Eltern, Schülerschaft und Lehrkräften. Unterschiedliche Perspektiven können helfen, die Bedürfnisse und Nöte der Kinder und Jugendlichen besser zu verstehen. Schließlich sitzen wir alle in irgendeinem Hafen, und jeder Leuchtturm hat die gleiche Aufgabe, nämlich ein Kind in seiner Entwicklung zu begleiten und zu prägen.

Eltern, Lehrende, Erzieher und Erzieherinnen, Schulsozialarbeiter, Schulpsychologen, Hausmeister und Schulsekretärinnen – sie alle können in ihrer jeweiligen Rolle Leuchttürme im Leben der Kinder sein. Insofern besteht die Aufgabe für jeden Leuchtturm gleichermaßen darin, präsent zu sein, Orientierung und Klarheit zu geben, einen sicheren Rahmen zu gestalten und wachsam zu sorgen. Das gelingt, wenn der Leuchtturm eine positive und stabile Beziehung zu seinem Kind oder Schüler hat.

In meinen Gesprächen mit Eltern höre ich immer wieder, dass sie sich schon in kleinen Belangen, wie zum Beispiel die Hausaufgabensituation, in der Schule oft nicht verstanden fühlen. Viele würden niemals offen über so schwere Themen wie Depression oder Familienprobleme mit einer Lehrerin oder einem Erzieher sprechen. Eltern scheint aus verschiedenen Gründen das Vertrauen zu fehlen, ihre Probleme im Kontext Schule öffentlich zu machen. Manche berichten von eigenen traumatisierenden Schulerfahrungen, die bis heute nachwirken und sie in einem Schulgespräch erstarren lassen. Andere glauben, dass die Schule sich nicht für familiäre Probleme interessiert und sie für ihre Sorgen vorschnell verurteilt werden.

Ähnliches höre ich von Lehrkräften. Auch sie scheuen nicht selten den Kontakt zu Eltern. Die Angst scheint groß zu sein, vor Beleidigungen, vor einer Infragestellung ihrer beruflichen Kompetenz oder vor Drohungen, das Schulamt einzuschalten oder die Presse zu informieren. Manchmal erinnert mich der Umgang zwischen Eltern und Lehrkräften an ein zerstrittenes Ehepaar. Eigentlich möchten beide Seiten nichts mehr miteinander zu tun haben, aber die Existenz der Kinder zwingt sie dazu. Dann hört das Kind von der einen Seite, wie inkompetent der Unterricht ist, dass die Hausaufgaben nicht zu schaffen sind und die Lehrkraft offensichtlich ihr Handwerk nicht versteht. Und von der anderen Seite hört das Kind, dass seine Eltern sich entweder nicht ausreichend oder zu viel kümmern würden und dass Eltern eigentlich einen Elternführerschein bräuchten.

Das Kind gerät in einen prekären Loyalitätskonflikt. Es fühlt sich hin- und hergerissen und wird sich vermutlich für seine Eltern entscheiden. Wenn das geschieht, wird die Situation in der Schule auf keinen Fall leichter. Wie soll ein Schüler oder eine Schülerin Respekt, aber auch Spaß und Vertrauen gegenüber der Schule empfinden, wenn das Kind ständig von allen Seiten hört, in welchem unsicheren Hafen es sich gerade wieder befindet?

Schule ist in meinen Augen bisher selten ein Ort für die Entdeckung von Gefühlen und ihrer Bedeutung gewesen. Mit Blick auf die Auswirkungen der dreijährigen Pandemie, die sich deutlich am psychischen Zustand unserer Kinder und Jugendlichen ablesen lassen, braucht es von uns nur ein bisschen mehr Mut, offen Probleme anzusprechen, gemeinsam hilfreiche Strukturen zu entwickeln und mithilfe von Authentizität und gegenseitiger Unterstützung stabile Beziehungen zu ermöglichen – das würde viel bewirken. Vertrauen und Offenheit sind die Voraussetzung, authentisch in Beziehung zu gehen; diese Basis muss erst einmal geschaffen werden. Wenn es der Schulgemeinschaft gelingt, möglichst viele in die Gemeinschaft einzuladen und Türen zu öffnen, kann das ein Weg raus aus der gegenseitigen Skepsis sein.

Gemeinsam Schule zu einem sicheren Ort machen

An dieser Stelle möchte ich die Geschichte von Lehrerin Eva erzählen, die es geschafft hat, einiges in ihrer Klasse zu ändern.

Eva ist Klassenlehrerin einer fünften Klasse, deren letzte zwei Schuljahre von der Pandemie geprägt waren. Die Klasse hat einen schlechten Ruf im gesamten Kollegium. Alle sprechen darüber, wie unruhig und unkonzentriert die Schülerschaft ist und dass auf dem Schulhof nur Blödsinn gemacht wird.

Eva sucht das Gespräch mit ihrer Schulleitung und dem Kollegium. Alle sind sich darüber einig, dass diese Klasse nicht nur einen Nachholbedarf in Mathematik und Deutsch hat, sondern auch im Sozialverhalten. Zu lange waren die Kids in einer entscheidenden Entwicklungsphase isoliert von ihren Freunden und Freundinnen. Das Klassenteam, bestehend aus den unterrichtenden Lehrkräften, bereitet unter anderem Unterrichtseinheiten zum Thema Gefühle, respektvoller Umgang miteinander, Regeln und Werte vor. Die Veränderung im regulären Lehrplan teilt das Klassenteam den Eltern auf einem Elternabend mit. Für die Eltern ist an diesem Abend deutlich zu sehen und zu spüren, dass das Lehrerteam hinter Eva steht. Die entschlossene Haltung vermittelt den Eltern das positive und entlastende Gefühl, dass das Team die Probleme sieht, erkennt und gemeinsam nach Lösungen sucht, um sie anzugehen. Außerdem sind die Eltern eingeladen, die Lehrkräfte zu unterstützen. Damit werden die Eltern Teil des Hafens der Schulgemeinschaft und übernehmen Verantwortung für diese Gemeinschaft. Die Beziehung untereinander beginnt, sich zu verändern. Elternschaft und Lehrkräfte arbeiten nicht gegeneinander, sondern miteinander.

Die Kinder lernen bei Eva ihre Ressourcen und Kompetenzen als Klasse kennen. Sie entdecken die liebenswerten Seiten eines jeden Einzelnen. Sie erleben, wie gut es tut, jeden Schultag mit einem freundlichen »Jeder-sagt-jedem-Guten-Morgen« zu beginnen. Als Eva krank wird und für zwei Wochen ausfällt, ist die Sorge (vor allem bei den Erwachsenen) groß, dass diese positive Entwicklung nun schnell in Vergessenheit gerät. Doch im Gegenteil: Das Kollegium behält die Klasse im Blick. Ob im Unterricht oder auf dem Schulhof, die Klasse wird angesprochen, gelobt und zurechtgewiesen. Dadurch versuchen die Schüler und Schülerinnen, sich weiter an die neuen Regeln zu halten.

Das Klassenteam informiert Eva während ihrer Krankheit über alle wichtigen Vorkommnisse ihrer Klasse, und als sie zurückkehrt, erzählt sie ihrer Klasse und der Elterngemeinschaft von diesen positiven Rückmeldungen. Die Schülerinnen und Schüler sind beeindruckt. Für sie ist es das erste Mal, dass eine Lehrerin, die zwei Wochen abwesend war, trotzdem erfährt, was im Schulalltag geschieht. In diesem Moment rückt die Klasse noch enger zusammen. Die Kids verstehen, wenn die Erwachsenen sie so im Blick haben, dann heißt das, dass sie für die Schule wichtig sind, und damit wird die Schule wiederum auch für die Kids wichtig. Sie fühlen sich einfach zugehörig.

In diesem Beispiel werden die Schule und die Klasse zu einem vertrauensvollen Ort. Schüler und Schülerinnen trauen sich in dieser Atmosphäre, auch ihre Sorgen mit einer Lehrkraft oder der Schulsozialarbeiterin zu teilen. Das gemeinsame Handeln vermittelt den Kindern und Jugendlichen die zentrale und zugleich beziehungsstiftende Nachricht: »Wir sehen dich und bleiben an deiner Seite, weil du uns wichtig bist!« So entsteht die Chance, Jugendlichen auch in herausfordernden Zeiten eine positive Schulzeit zu ermöglichen.

Toolbox: Schulprobleme

Suche den Perspektivwechsel:

» Schaffe Bündnisse mit Lehrkräften.

» Suche das wertschätzende Gespräch mit ihnen und bitte um ihre Unterstützung.

» Dabei benennst du alle Dinge, die im Schulalltag gut funktionieren, um dann die herausfordernden Situationen zu benennen und hierfür gemeinsam Lösungen zu entwickeln.

» Nimm für einen vollständigen Perspektivwechsel auch dein Kind mit in diese Gespräche. Hier entstehen Chancen, neue Wahrnehmungen gemeinsam zu besprechen. Zum Beispiel kannst du nach so einem Eltern-Schüler-Lehrkraft-Gespräch, wenn dein Kind sich in der nächsten Situation nicht gesehen fühlt, dich gut auf die Inhalte und das Verhalten der Lehrkräfte beziehen. Ihr habt diese Gespräche gemeinsam erlebt und findet nun authentische Anknüpfungspunkte.

»Wachstumsort Schule«

Grundsätzlich kommt der Mensch neugierig auf die Welt. Jeder und jede hat das Bedürfnis, zu lernen und die Welt zu erkunden. Insofern ist es eigentlich nicht schwer, Kinder und Jugendliche zu motivieren. Es braucht allerdings sichere Beziehungen zu den Leuchttürmen, die ein Ausprobieren, Fehler machen, Risiken eingehen, Wertschätzung und Anerkennung zulassen.

Der Arzt und Psychologe Joachim Bauer schreibt: »Um Leistungen zu erbringen, brauchen wir Motivation. Die dazu nötigen Botenstoffe im Gehirn werden ausgeschüttet durch positive zwischenmenschliche Beziehungserfahrungen. Wir sind – aus neurobiologischer Sicht – auf soziale Resonanz und Kooperation angelegte Wesen und streben nach Anerkennung, Wertschätzung, Zuwendung und Zuneigung.«[13]

Für Eltern mit Jugendlichen, die unter depressiven Verstimmungen leiden, ist es eine Herausforderung, eine Balance zwischen Unterstützung, Loslassen und dem Sammeln von eigenen Erfahrungen herzustellen. Krisen und Unsicherheiten bewirken oft eine Überbehütung des eigenen Kindes. Schließlich möchtest du dein Kind vor Gefahren schützen. Doch damit ignorierst du die Sehnsucht deines Kindes danach, sich auszuprobieren, was wiederum für die Entwicklung essenziell ist. Einem überbehüteten Kind fehlt das Vertrauen, dass es Dinge auch allein schafft. Gerade wenn Eltern in Sorge sind, verlieren sie aus dem Auge, dass ihr Kind selbst Verantwortung für altersentsprechende Aufgaben übernehmen sollte (und oft auch möchte). Das »Helikopter-Verhalten« erzeugt bei Kindern und Jugendlichen ein Gefühl von Ohnmacht und Hilflosigkeit, und wenn es dazu auch noch Probleme im Alltag gibt, können diese Gefühle sich verstärken.

Schule kann und sollte im Idealfall für Jugendliche ein Wachstumsort sein, der ihnen Erfahrungen von Selbstwirksamkeit und Ausprobieren, Unterstützung und Dranbleiben ermöglicht. Ein Ort, der Struktur, Zuverlässigkeit, Zugehörigkeit und Freundschaften zu bieten hat.

Wenn Schüler und Schülerinnen eine Diagnose wie AD(H)S, Hochbegabung oder Ähnliches erhalten, ist die Schulzeit für sie meist besonders herausfordernd. Dabei wird eine AD(H)S schnell zum Stigma, während Hochbegabung eine Diagnose ist, die nicht so häufig gestellt und selten als Problem verstanden wird. Doch beiden Diagnosen ist gemein, dass sie die Schullaufbahn und den Alltag der Betroffenen immens beeinflussen. Von AD(H)S oder Hochbegabung Betroffene können früh einen eigenen strengen, inneren Kritiker entwickeln: »Wenn ich die Aufgabe nicht bewältigen kann, bin ich dumm.« Oder: »Wenn die Aufgabe zu leicht zu lösen ist, ist sie nur zu einfach und kein Beweis von besonderer Intelligenz.« Beide inneren Kritikerstimmen können sich zu Glaubenssätzen entwickeln, die sich fest ins emotionale System fressen und zu depressiven Symptomen und Angstzuständen führen können.

Hochbegabte Jugendliche

Grundsätzlich wird die Psychodiagnostik bei Kindern und Jugendlichen immer differenzierter und erfasst damit ein weites Spektrum von individuellen Ausprägungen. So lässt zum Beispiel eine AD(H)S-Diagnose häufig auch auf eine überdurchschnittliche Begabung schließen. Bei allem, was im Bereich von Kinder- und Jugendpsyche noch unerforscht ist, sind sich Kinder- und Jugendpsychiater darüber einig, dass Kinder und Jugendliche mit Diagnosen wie AD(H)S und Hochbegabung eher zur Entwicklung von Ängsten und depressiven Verstimmungen neigen.[14] Dazu möchte ich ein Beispiel erzählen:

Lana, die mit ihren zwölf Jahren schon sagt, dass ihre Batterien leer seien, gehört zu den Schülern und Schülerinnen, die im herkömmlichen Schulsystem nicht den richtigen Platz finden. Lana ist ein sehr leistungsorientiertes Mädchen, für das gute Noten wichtig sind. Dabei hat sie eine eigene Herangehensweise entwickelt, mit der sie erfolgreich lernen kann, braucht aber dafür von ihrem Umfeld viel Klarheit und Struktur. Wer ihr das nicht bieten kann, hat bei Lana einen schweren Stand. Zum Beispiel beschreibt sie Lehrkräfte, die unorganisiert oder unsicher im Umgang mit komplexen Themen sind, als unprofessionell. Nach außen bleibt sie freundlich distanziert, innerlich macht es sie aber wütend, dass ihr Umfeld ihre Erwartungen nicht erfüllt.

Außerdem leidet Lana unter dem Lärm der vielen Kinder in der Klasse. Sie würde am liebsten zurück in die Zeit des Homeschoolings oder geteilten Unterrichts gehen. Hier war das Arbeiten ruhiger. Sie konnte in ihrem Tempo lernen und musste dabei keine Rücksicht auf das Tempo ihrer Mitschüler nehmen.

Der Unterrichtsstoff bietet für Lana keinerlei Herausforderung. Es fällt ihr leicht, die vorgegebenen Lernziele zu erfüllen. Wenn Schulstoff zu leicht ist, vergeht schnell die Motivation, sich intensiv damit auseinanderzusetzen. Das heißt, auf der einen Seite möchten Kinder wie Lana gute Noten erzielen, aber sie können sich nicht für Fleißaufgaben wie Auswendiglernen oder Wiederholungen ohne Kontexte aufraffen. Für sie fehlen die richtigen Lernanreize. Während ihre Freundinnen sich wochenlang auf eine Klassenarbeit vorbereiten, beginnt sie einen Nachmittag vorher, das Unterrichtsmaterial noch einmal zu lesen. Es bedeutet aber auch, dass Lana bisher nicht gelernt hat zu lernen. Lesen und ein paar Notizen reichen ihr, um den Schulstoff wiederzugeben. Mit diesem Lerneinsatz schreibt sie regelmäßig Zweien und Dreien. Damit ist sie aber nicht zufrieden und bekommt bei einer Drei schon mal einen Nervenzusammenbruch. Aber zwei Tage vor einer Klassenarbeit mit dem Lernen anzufangen, um dann doch eine Eins zu schreiben, dazu kann sie sich nicht aufraffen. Dafür ist ihr der Lernstoff zu langweilig.

Lanas schnelle Auffassungsgabe ist schon im Kindergarten aufgefallen, deshalb wurde sie frühzeitig eingeschult und ist heute die Jüngste in ihrer Klasse. Trotzdem fällt sie in der Schule nicht auf. Sie hat viele Freunde, lacht und quatscht mit ihnen und nimmt am Unterricht teil. Am Nachmittag zu Hause ist sie dann allerdings müde, weint wegen jeder Kleinigkeit und möchte am liebsten schlafen gehen. Dabei bleibt Lana ambivalent, denn obwohl sie über Erschöpfung klagt, lässt ihr hoher Anspruch an sich selbst Chillen am Nachmittag kaum zu. Schließlich will sie die Hausaufgaben machen und trifft sich mit Freunden beim Sport. Lana hat sich im Laufe der Jahre eine straffe Tagesstruktur zurechtgelegt. Aufstehen, das Haus verlassen, die Sporttage und die Verabredungen mit Freunden unterliegen einem strengen Zeitrahmen. Von dieser Struktur rückt sie keinesfalls ab, denn die gibt ihr ein Stück Sicherheit in ihrem Leben.

Manche Freundinnen sind Lana ähnlich, auch sie setzen sich wahnsinnig unter Notendruck, allerdings lernen sie auch wesentlich früher für anstehende Arbeiten. Für Lana bedeutet das Lernen der anderen zusätzlichen Stress. Es zeigt ihr, dass sie anders ist und glaubt, dass ihre Art zu lernen falsch sein muss. Sie steckt im Dilemma, glaubt, sie müsste sich mehr für den Lernstoff engagieren, kann sich aber nicht dazu motivieren.

Besonders Mädchen leiden häufig unter Leistungsdruck. Aber sie neigen auch dazu, außergewöhnlich gut zu funktionieren. Mädchen nutzen dabei besonders die Gabe, sich den Gegebenheiten und Anforderungen anzupassen. Und obwohl es ihnen damit nicht gut geht, gelingt es ihnen, dass sie über einen langen Zeitraum, manchmal bis ins Erwachsenenalter, nicht auffallen. Keiner bemerkt ihre Not, ihre Selbstzweifel und wie viel Kraft es sie kostet, all die inneren und äußeren Erwartungen zu erfüllen.

Ich vermute, dass diese besondere Fähigkeit zur Anpassung tief in unserer weiblichen DNA steckt. Schließlich mussten sich eher die Frauen über Jahrhunderte den gesellschaftlichen Gegebenheiten anpassen, durften lange nicht sie selbst sein. Das leben Frauen offensichtlich bis heute noch aus. Und wenn es nicht die DNA ist, dann sind es die immer noch mächtigen Rollenbilder und Vorurteile. Dieses dauerhafte Sich-Anpassen und Funktionieren kann depressiv machen.

Aber auch eine ständige Unterforderung macht unglücklich. Denn dann unterdrücken Kinder und Jugendliche die eigenen Bedürfnisse, damit sie nicht aus dem Rahmen fallen; sie sprechen nicht über die eigene Gefühls- und Wahrnehmungswelt, weil sie glauben, dass niemand sie versteht. Diese Befürchtungen machen sie innerlich einsam, und das Bedürfnis nach Wissensdurst frustriert und vertrocknet schließlich. Das ständige Unterdrücken der eigenen Identität löst ein Gefühl von Einsamkeit aus. Und wie schon mehrfach betont: Wenn Bedürfnisse über viele Monate und Jahre nicht gestillt oder sogar ignoriert werden, verlieren Kinder jegliche Motivation, und es entsteht eine Hoffnungslosigkeit, die sie in ihrem Bett festhält und ihnen die Lebensenergie stiehlt.

Das Phänomen der überdurchschnittlichen Intelligenz bei Kindern ist über Jahre hinweg nicht ernst genommen worden. Und obwohl es inzwischen schon Schulprogramme zur Förderung von Hochbegabten gibt, unterrichten immer noch Lehrer und Lehrerinnen, die Hochbegabung als Zumutung betrachten. Viele von ihnen vertreten noch immer die Haltung, dass es die leistungsorientierten Eltern sind, die ihrem Kind eine Hochbegabung andichten, dass Eltern also ihr Kind überschätzen.

Und dann gibt es Lehrkräfte, die nicht an die seelische Not dieser Kinder glauben. Dabei entwickeln hochbegabte Kinder eher Angstsymptome oder depressive Verstimmungen, weil sie unter anderem ständig ihr Inneres mit dem Äußeren abgleichen und dabei nicht unterstützt werden. Das offensichtliche Problem ist die andauernde Unterforderung. Das weniger sichtbare, aber eigentliche Problem ist aber tatsächlich die andauernde, emotionale Überforderung. Hochbegabte können durch kluge Argumente, schnelle Analysen und eine hohe Aufnahmefähigkeit auffallen, die weit über ihre altersspezifische Entwicklung hinausgeht. Dabei kann eine emotionale Überforderung entstehen. Denn auch wenn diese Kinder zum Beispiel politische Zusammenhänge richtig erfassen, verarbeiten sie diese Informationen emotional altersentsprechend, also wie Dreizehn- oder Vierzehnjährige. Wenn sie dann auch noch einen Klassenjahrgang überspringen, um der intellektuellen Unterforderung zu entkommen, ist die Orientierung an älteren Freunden eine emotionale Höchstleistung. Eine Zwickmühle, in der Eltern und ihre Kinder stecken und für die es nicht die eine richtige Lösung gibt.

Viele Schulen in Deutschland haben inzwischen gute Strukturen, die die Förderung von *benachteiligten* Schülern, Schülerinnen mit Lernschwächen oder unterdurchschnittlichen Begabungen unterstützen. Sei es durch Schulsozialarbeit oder Sonderschulpädagogik. Für die überdurchschnittlich Begabten gibt es kaum etablierte Strukturen oder Programme für individuelle Förderung.

Die Pandemie hat gezeigt, dass unser Bildungssystem den gesellschaftlichen Anforderungen an Bildung und Erziehung nicht gerecht wird und dass wir dringend ein modernes Verständnis von Schule benötigen. Es reicht schon lange nicht mehr, nur den Lehrstoff zu vermitteln. Die Gesellschaft wünscht sich einen selbstbewussten, eigenständig denkenden und demokratisch erzogenen Nachwuchs. Dafür müsste das System positiv auf die Bedürfnisse der Schüler und Schülerinnen achten und ihre Kompetenzen wertschätzen und fördern.

Dafür bräuchte es eine reformierte Ausbildung und vor allem mehr Personal. Das sind alles Fakten, die lange bekannt sind, aber verschlafen wurden. Wenn einzelne Schulen sich dann auf den Weg machen, etwas grundsätzlich in ihrem Schulalltag zu ändern, stoßen sie schnell an ihre Grenzen, weil benötigte Gelder gestrichen oder umgeschichtet wurden und nicht zur Verfügung stehen. Desillusionierte Experten schauen immer wieder neidisch nach Dänemark. Unser Nachbarland macht Schule zu einem Gemeinschaftsprojekt, in dem das Unterrichtsfach »Empathie« genauso wichtig ist wie Mathematik.

In Deutschland bedeutet eine Hochbegabung, aber auch eine Minderbegabung, eine Konzentrationsschwäche oder eine AD(H)S vor allem: anders zu sein, nicht ins System zu passen. Mit dieser Haltung ist die Entwicklung von Frust und Perspektivlosigkeit bei Jugendlichen vorprogrammiert.

Zurück zu Lana: Chronische Unterforderung kombiniert mit einer hohen Sensibilität sind auf Dauer für Lana zu viel geworden. Jeden Außenimpuls, den sie während eines Schultages empfängt, muss sie verarbeiten. Durch ihre Intelligenz und Sensibilität saugt sie wie ein Schwamm alle Außeneindrücke des Tages auf. Das ist für sie sehr anstrengend. Deshalb braucht sie immer wieder Pausen von großen Menschengruppen. Gleichzeitig fehlt ihr intellektueller Input. In dieser Hinsicht macht sich eine große Hoffnungslosigkeit breit. Erschwerend kommt hinzu, dass sie durch ihre hohe Intelligenz anders, reifer spricht und wirkt. Ihre Altersgenossen verstehen sie oft nicht, und auch Lana denkt, dass die anderen anders sind.

All diese Faktoren lassen Lana am Leben verzweifeln. Sie ist ausgepowert, weil sie den ganzen Tag versucht, in eine Welt zu passen, die es ihr schwer macht, sich passend zu fühlen. Und auch zu Hause möchte sie niemandem zur Last fallen, keine Sorgen bereiten. Deshalb erfahren Lanas Eltern lange nichts von ihrer inneren Not.

Lana entwickelt psychosomatische Symptome wie Bauch- und Kopfschmerzen. Immer wieder wacht sie morgens auf, klagt über Bauchschmerzen und möchte nicht in die Schule gehen. Die Kinderärztin kann organische Ursachen ausschließen. Deshalb werden Lanas Symptome psychiatrisch abgeklärt. Die Ergebnisse zeigen eine Hochbegabung, kombiniert mit einer depressiven Symptomatik.

Wer kann unterstützen und was kann helfen

Lanas Eltern schaffen sich ein Helfernetz, bestehend aus einer Therapeutin für Lana, einer Psychiaterin, der Kinderärztin und der Schule. Die Eltern suchen darüber hinaus das Gespräch mit der Klassenlehrerin und besprechen mit ihr die Situation: Sie klären sie über die Ergebnisse der Diagnostik auf und bringen einen kurzen Bericht von der Psychiaterin mit, der für die Schulakte vorgesehen ist. Diese Transparenz hilft auf mehreren Ebenen. Zum einen ist der Bericht der Psychiaterin für die Schule hilfreich, um wichtige Entscheidungen treffen zu können, zum Beispiel eine extra Förderung oder das Überspringen einer Klasse. Zum anderen aber auch, um Lanas Fehltage mithilfe des Schreibens der Psychiaterin anders bewerten zu können.

Durch die Transparenz der Eltern hat die Klassenlehrerin nun die Möglichkeit, Lana besser zu unterstützen. Sie erkennt inzwischen viel eher, wann Lana eine Pause braucht. Auch im Unterricht bemüht sie sich, die Bedürfnisse von Lana zu berücksichtigen. Sie gibt ihr herausfordernde Aufgaben oder überlässt ihr mehr Eigenverantwortung bei Projektarbeiten. Das Ziel ist, Lana spürbare Erfolgserlebnisse zu ermöglichen. Außerdem besprechen die Eltern mit der Klassenlehrerin, wie sie mit der Schuldistanz von Lana umgehen.

Hier erlebe ich als Therapeutin eine neue Flexibilität vonseiten der Schule, die sich nach meiner Beobachtung aus der Pandemie heraus entwickelt hat. Im Fall von Lana vereinbaren sie einen sogenannten Joker-Tag. Einmal die Woche darf Lana frei entscheiden, ob sie die Kraft hat, in die Schule zu gehen. Wenn sie spürt, dass die Energie nicht mehr reicht, darf sie zu Hause bleiben, muss aber selbstverständlich den Unterrichtsstoff nacharbeiten. Durch die Digitalisierung kann sich Lana den Unterrichtsstoff mühelos von der Lernplattform der Schule herunterladen, und für die Lehrer bleibt es nachvollziehbar, ob sie den Unterrichtsstoff nachholt. Außerdem muss Lana bei ihren Mitschülerinnen nachfragen, welche Aufgaben zu erledigen sind.

Da Lana sich während der Lockdownphase angeeignet hat, den Kontakt per E-Mail mit ihren Lehrern zu halten, klärt sie Fragen zum Schulstoff auf diesem Weg und erlebt auch hier Selbstwirksamkeit und Selbstständigkeit, die ihr guttun.

»Ich schaffe es nicht mehr, zur Schule zu gehen«

Schuldistanz bei Jugendlichen meint die räumliche, geistige und zeitliche Distanzierung von Schule, die sich über einen längeren Prozess entwickelt. Viele Schüler beschreiben Ängste und Rückzug, die Gründe für die Entwicklung einer Schuldistanz können unterschiedlich sein. Über- und Unterforderung sind noch die offensichtlichen Gründe, um den Schulbesuch zu verweigern. Aber auch Mobbing, Umzug, Probleme mit Freunden, Suchtprobleme oder familiäre Krisen können dein Kind zu Hause festhalten.

Bei Schuldistanz ist die Kooperation mit der Schule entscheidend, denn sie beginnt schleichend, oft mit vereinzelten Tagen. Doch schnell gerät der Schüler oder die Schülerin in einen Teufelskreis: Zunächst wird das Zu-Hause-Bleiben als Erleichterung empfunden, doch gleichzeitig verpassen sie Schulstoff und entfernen sich von ihrer Klassengemeinschaft. Mit einer depressiven Verstimmung oder Angst im Nacken neigt der Jugendliche zu einem Gedankenkarussell – Gedanken wie: »Mich vermisst sowieso keiner. Bestimmt denkt mein Lehrer, ich schwänze und verdiene es gar nicht, an seinem Unterricht teilzunehmen.« Es entsteht ein eigener

Film im Kopf, der eine Welt konstruiert, die wahrscheinlich nicht viel mit der realen Situation zu tun hat. Doch dieses Gedankenkarussell, auch Overthinking genannt, hält Jugendliche davon ab, zurück in die Schule zu gehen.

Ein kontinuierliches Beziehungsangebot von Schulseite kann eine Brücke bauen, um die Jugendlichen wieder in den Unterricht einzuladen. Das kann über Briefe, gemeinsame Gespräche oder auch ein tägliches Foto vom leeren Platz der Schülerin sein. Freunde des Schülers können jeden Morgen einen Gruß schicken: »Wir freuen uns auf dich!« oder den Freund oder die Freundin gleich selbst abholen und den Schulweg gemeinsam gehen. Auch eine Begrüßung am Eingang der Schule von einem beliebten Erzieher oder der Schulsozialarbeiterin setzt das Zeichen »Du bist uns wichtig! Wir geben dich nicht auf und freuen uns auf dich«.

In Lanas Fall vereinbaren die Eltern mit der Schule, dass gemeinsam regelmäßig überprüft wird, ob die Vereinbarungen noch gut funktionieren oder ob etwas verändert werden muss. Die Schule vertraut hier auf die Eltern und das gesamte Helfernetz. Alle haben Lana im Blick, und gemeinsam beurteilen sie, ob Lana die Pausen weiter braucht oder langsam wieder in den normalen Schulalltag integriert werden kann.

Für Lanas Eltern ist die Kooperation der verschiedenen Leuchttürme eine große Entlastung. Besonders am Morgen fällt es ihnen, seitdem sie Unterstützung haben, leichter, Momente zu akzeptieren, in denen Lana nicht mehr kann, aber auch die Momente zu erkennen, in denen Lana einen kleinen Schubser braucht, um dann doch in die Schule zu gehen.

Für den Umgang mit Lanas depressiven Symptomen bekommen die Eltern noch weitere Interventionen von mir an die Hand. Zuerst analysieren sie die Tagesstruktur. Lana braucht Lernstrukturen, aber auch klare Zeiten für ihre Freunde und Hobbys. Die sozialen Kontakte sind für Lanas Entwicklung enorm wichtig. Insofern wird viel Zeit für Freunde eingeplant. Sie werden eingeladen, oder Lana wird motiviert, ihre Freundinnen beim Sport, beim Tanzen oder auf Schulveranstaltungen zu treffen.

Lana macht Kampfsport und Streetdance, Sportarten, die sie nicht mit Leistung und Wettkampf verbindet, sondern die ihr Körpergefühl stärken und Selbstsicherheit vermitteln. Die Bewegung ist wirksame Medizin für ihren Körper und ihre Seele. Das Gedankenkarussell stoppt für die Zeit, in der sie Sport macht, und sie spürt ihren Körper klar und deutlich. Und zu guter Letzt ist sie am Abend so müde, dass ihr das Einschlafen leichter fällt.

Trotz dieser positiven Entwicklung gibt es nach wie vor Tage, an denen Lana keine Kraft hat, auch wenn eigentlich Schule und Sport am Nachmittag auf dem Programm stehen. Lanas Eltern haben gelernt, dass Struktur das Wichtigste ist, um Lana aus ihrem Loch zu holen. Und trotzdem nutzen sie auch mal eine paradoxe Intervention, um gewohnte Reaktionen auf die Situation mit einem kleinen Überraschungseffekt zu verändern, eine typische Vorgehensweise in der Systemischen Therapie. Anstatt die Einhaltung der Struktur einzufordern, entschließt sich Lanas Mutter, sich für den heutigen Tag »eine Depression zuzulegen«. Sie meldet sich krank und bleibt wie ihre Tochter im Bett: »Komm Lana, heute sind wir beide mal ein wenig depressiv und verbringen den ganzen Tag gemeinsam im Bett.«

Für Lana ist das eine gute Erfahrung. Sie kennt ihre Eltern vor allem als leistungsorientierte Menschen, die so gut wie nie bei der Arbeit fehlen. Doch heute zeigt ihre Mutter, dass Loslassen auch eine Option ist und die Welt dabei nicht untergeht. Der gemeinsame »Depressions-Tag« zu Hause erzeugt eine besondere Nähe zwischen den beiden, und Lana spürt, dass sie nicht alleingelassen wird.

Toolbox: Hochbegabung und Schuldistanz

Was Schule und Eltern gemeinsam tun können:

» Einen Jokertag für einen festgelegten Zeitraum vereinbaren. Wichtig ist, dass ihr dabei die Rahmenbedingungen, wie das Nachholen von Schulstoff, gemeinsam bestimmt.
» Projektarbeiten als Alternative anbieten: Oft sind Projektarbeiten für hochbegabte Kinder herausfordernder, weil sie Themen in einem größeren Kontext bearbeiten können.
» Sucht eine Vertrauensperson in der Schule, die dein Kind ansprechen kann, wenn es ihm nicht gut geht.

Leidet dein Kind unter dem Lärm:

» Vereinbare Auszeiten in einem ruhigen Raum.
» Ohrstöpsel sind inzwischen ein gängiges Modell, um das allgemeine Lärmgeräusch herauszufiltern.

Schuldistanz:

» Vereinbare auch hier mit den Lehrern einen Handlungsleitfaden,
  - zum Beispiel, dass ihr nur eine Mail für den Fehltag schreiben müsst oder
  - dass die Lehrkraft rückmeldet, wenn es zu viele Fehltage werden.
» Lehrkräfte und Schulfreunde können dein Kind täglich in die Schule einladen (mit Fotos, Anrufen, von zu Hause Abholen).

Andere Förderung für dein Kind:

» Hochbegabte Kinder brauchen intellektuellen Input.

- Informiere dich an den Universitäten in deiner Stadt. Manche bieten interessante Programme für Schüler und Schülerinnen, die parallel zur Schule studieren möchten. Ich kenne Jugendliche, die durch die Teilnahme in der Schule aufgeblüht sind.
- Musizieren, die Teilnahme an wissenschaftlichen Projekten oder auch soziales Engagement können die Welt spannender machen.

Dein Kind hat Gesprächsbedarf:

- Besonders intelligente Kinder und Jugendliche stellen viele Fragen und möchten die Themen auch in der Tiefe verstehen. Es ist ihnen wichtig, ernst genommen zu werden. Nimm dir Zeit, die Themen zu besprechen, und sucht gemeinsam nach Antworten.

AD(H)S

Eine Überforderung im Schulalltag kann genauso anstrengend sein wie eine Unterforderung. Schüler und Schülerinnen mit einer Lese-Rechtschreib-Schwäche, Konzentrationsschwächen oder einer AD(H)S fallen in der Schule oft schneller auf. Im Team und auch im Austausch mit unserem professionellen Netzwerk stellen wir fest, dass Mädchen lange durch Anpassung versuchen, nicht aufzufallen. Jungs dagegen werden bei Über- oder Unterforderung eher laut, wütend oder auch aggressiv.

Einen hohen IQ zu haben oder eine AD(H)S sind keine Symptomatiken, die sich einfach wegtherapieren lassen. Dennoch höre ich von Lehrkräften und Eltern oft den Wunsch, ein Schüler möge mithilfe von Therapie doch Benehmen lernen, an seinen Schulhefter denken und sich im Unterricht konzentrieren. Wenn das jedoch nicht gelingt, beginnt ein Teufelskreis, geprägt von Frust, Streit und Respektlosigkeit.

Ich denke, dass Eltern und Lehrkräfte ein besseres Verständnis für Diagnosen wie AD(H)S oder Hochbegabung brauchen. Meines Erachtens sollte sich eine Therapie auf den Umgang mit der Diagnose und auf deren Akzeptanz konzentrieren. Akzeptanz ermöglicht es, den Fokus auf die Kompetenzen der Jugendlichen zu legen und mit diesen Lösungswege zu entwickeln, die den Alltag erleichtern und Sicherheit vermitteln.

Max ist 13 Jahre alt und hasst die Schule. Er hat permanent Ärger mit seinen Eltern, weil er seine Hausaufgaben nicht macht und sich die Lehrer regelmäßig über sein Verhalten beschweren. Immer wieder muss Max sich anhören, was er nicht kann, wie falsch er sich wieder verhält und was er alles anders machen muss. Die ständigen Ermahnungen, die er sogar in den Sportstunden erfährt, motivieren die Mitschüler, in den Chor der Erwachsenen einzustimmen. Wenn etwa ein Stuhl zu Bruch geht, zeigen alle sofort auf Max, ohne zu wissen, ob er es wirklich war. Durch die ständige Vorverurteilung fühlt Max sich allein. Er versucht mit viel Witz und Albernheit, seine innere Not zu überspielen.

Damit stört er den Unterricht und wird von den Lehrern am liebsten in die hinterste Reihe gesetzt, was wiederum dazu führt, dass Max noch unruhiger wird. Manchmal muss er sich sogar an einen Tisch vor dem Klassenraum setzen und allein weiterarbeiten.

Verhaltensauffällige Kinder erleben ständig einen Ausschluss aus der Gemeinschaft. Isolation löst aber weiteren Frust aus, und so muss Max noch lauter und wütender werden, um Aufmerksamkeit zu bekommen. Um wieder in die Gemeinschaft aufgenommen zu werden, braucht er die Unterstützung seiner Leuchttürme.

Eine AD(H)S wird oft schon vom Kinderarzt als Verdachtsdiagnose geäußert, sollte aber in der Regel bei einer Kinder- und Jugendpsychiaterin getestet werden. Denn es können noch weitere Symptome eine Rolle spielen. Manche Kinder mit einer AD(H)S-Diagnose haben beispielsweise auch einen hohen IQ-Wert. Manchmal liegt auch eine Leseschwäche oder eine Dyskalkulie vor, die die Unruhe eines Schülers erklären kann.

Auch ein kritischer Blick mit einer multikulturellen Brille kann lautes und lebendiges Verhalten anders interpretieren. Ich arbeite mit vielen Familien aus unterschiedlichen Kulturen zusammen und erlebe dabei immer wieder, wie unterschiedlich sie jeweils auf lebhafte Kinder schauen. Während das Kind in einem Kulturkreis als auffällig aktiv gilt, würde das gleiche Verhalten in einem anderen Kulturkreis als normal lebhaft beschrieben werden.

Wer kann unterstützen und was kann helfen?

Elternberatung

Irit Schorr-Sapir hat sich mit ihrem Team in Israel auf Familien mit Kindern und Jugendlichen mit AD(H)S spezialisiert. Sie arbeiten als Psychologinnen mit den Methoden der New Authority. Das Psychologenteam hat festgestellt, dass der Fokus auf die Stärkung der Eltern ein effektiver Unterstützungsansatz ist. Die Eltern, die sich auf den Beratungsprozess einlassen, werden in ihrer Präsenz gestärkt und erlernen damit die Fähigkeit, dem herausfordernden Verhalten des eigenen Kindes zu widerstehen und Struktur und ein Helfernetz aufzubauen. Außerdem werden ihnen Selbstbeherrschung und deeskalierende Tools vermittelt. Auch den Blick auf positive Eigenschaften des Kindes zu lenken und diese dann zu nutzen, um Wege aus eskalierenden Situationen zu finden, entlastet alle Beteiligten. Manchmal stellt sich im Beratungsprozess heraus, dass gerade der Elternteil, der weniger Geduld für das Verhalten aufbringen kann, vermutlich selbst eine AD(H)S hat. Viele Erwachsene mussten ohne große Unterstützung einen Umgang mit innerer Unruhe und Frust finden, und gerade in solchen Konstellationen ist das Verständnis für das eigene Kind oft nicht so groß. Dabei kann die eigene Erfahrung als Kompetenz genutzt werden.

Eine Studie aus dem Team von Irit Schorr-Sapir zeigt, dass die Unterstützung und Stärkung der Eltern genauso wirksam sein können wie die Gabe von Medikamenten an die Kinder.[15]

Bei einer AD(H)S-Diagnose können auch verschiedene Therapieansätze explizit für Kinder und Jugendliche hilfreiche Tools anbieten.

Ergotherapie

In der Ergotherapie werden Konzentration, Frustrationstoleranz und Impulsivität bewusst gemacht und trainiert. Kinder und Jugendliche erforschen und lernen, was sie benötigen, um ihre Impulsivität zu kontrollieren oder sich nicht ablenken zu lassen. Dabei kann unter anderem ein Igelball im Unterricht zum Einsatz kommen, Kopfhörer können den Klassenlärm dämpfen, und Kaugummikauen oder ein Wackelsitzkissen sind für eine bessere Konzentration beliebt.

Die betroffenen Kinder wünschen sich oft einen Sitzplatz in der ersten Reihe, möglichst an einem Einzeltisch. Eine gut sichtbare Uhr mit einer genauen Zeitangabe hilft, einen strukturierten Rahmen für Aufgaben zu haben. Auch regelmäßiges Aufstehen nach Absprache kann in den Unterricht oder in die Hausaufgabenzeit eingebaut werden. All diese Tools erleichtern den Schulalltag und können bei einer guten Kooperation mit den Lehrkräften etabliert werden.

Ergotherapeuten und Lerntherapeutinnen bieten auch Gruppentrainings wie das Marburger Konzentrationstraining oder ATTENTIONER an. Hier schulen sie die Konzentration und ein faires Wettbewerbsverhalten innerhalb einer kleinen Gruppe. Und Kinder treffen Gleichgesinnte bis zum Alter von circa 13 Jahren und unterstützen sich gegenseitig.

Lerntherapie

Schülerinnen und Schüler mit einer Lese-Rechtschreib-Schwäche oder Dyskalkulie brauchen Unterstützung. Ihnen fällt es schwer, Buchstaben zusammenzuziehen, oder sie fügen beim Lesen willkürlich weitere Buchstaben hinzu. Sie machen viele Rechtschreibfehler und erzielen durch klassische Rechtschreibübungen keine Verbesserung. Auch im Jugendalter ist das Lesetempo stark verlangsamt. Bei einer Dyskalkulie fehlen Mengenverständnis und Zählfertigkeiten. Hier werden Zahlen meist nur als Symbol und nicht als Mengenangabe verstanden. Damit fehlt den Lernenden die Basis für das Erlernen der Grundrechenarten. Ganz einfach ausgedrückt funktioniert ihr Gehirn anders, und deshalb sind sie im Unterricht langsamer, was im Laufe der Zeit zu großem Frust führen kann. Da sie immer etwas langsamer als ihre Mitschüler sind, glauben sie nach und nach, sie seien dumm. Dabei hat die Langsamkeit nicht unbedingt etwas mit ihrer Intelligenz zu tun. Die Lerntherapie ist auf diese Störungsbilder spezialisiert. Und wenn eine psychische Belastung aufgrund der Störung durch die Kinder- und Jugendpsychiatrie nachgewiesen werden kann, dann kann mithilfe der diagnostischen Unterlagen sogar eine Lerntherapie über das Jugendamt beantragt werden.

Außerdem kann ein Nachteilsausgleich in der Schule beantragt werden. Dieser sorgt für Schutz und Unterstützung in der Schule und kann einen Notenschutz oder mehr Zeit in Prüfungssituationen und spezifische Förderung, die in den Schulalltag integriert wird, beinhalten. Hierzu können Lerntherapeuten beraten und beim Antragsprozess unterstützen.

Erfolgserlebnisse möglich machen

In der Ergotherapie können gemeinsam Kompetenzen und Interessenfelder des Schülers gesammelt werden. Auch die Schule kann hier unterstützen. Oft beobachten Lehrkräfte oder Erzieher im Klassenkontext erstaunliche Kompetenzen wie Hilfsbereitschaft oder eine hohe Sozialkompetenz.

Ein eigenes Projekt zu einem Lieblingsthema erarbeiten oder kleine Aufgaben im Unterricht übernehmen, wie dem Sitznachbar die Matheaufgabe zu erklären oder als Streitschlichter zu fungieren – all das schafft Erfolgserlebnisse, stärkt das Selbstbewusstsein und motiviert, mehr Eigeninitiative in der Schule und beim Lernen zu zeigen.

Viele Kinder und Jugendliche mit einer AD(H)S sind aufgrund ihrer hohen Sensibilität sehr empathisch und können als Streitschlichter in der Schule unterstützen. Damit werden sie ein wichtiger Teil der Gemeinschaft und bekommen endlich ein positives Feedback.

Familienressourcen entdecken

Gerade wenn Jugendliche wütend und aggressiv werden, ist die Erwartung an sie in der Regel eher negativ: »Der macht das ohnehin wieder falsch.« Oder: »Klar warst du das, ich habe schon gar nichts anderes mehr von dir erwartet.«

In der Elternberatung erlebe ich immer wieder, dass die Problemsicht aufs eigene Kind schon so chronifiziert ist, dass Eltern im ersten Moment gar nichts Positives mehr über ihr Kind sagen können. Oft sind sie sehr erschrocken darüber. Aber es ist auch nachvollziehbar, denn je öfter ich das Leben mit einem negativen Blick betrachte, desto schwerer fällt es mir, etwas Positives zu sehen. Für einen positiven Blick kannst du dich allerdings bewusst entscheiden und diesen dann immer wieder trainieren.

Auch in der Schule ist die positive Beschreibung von Schülern selten. Das negative Narrativ ist schnell präsent. Es wirkt manchmal fast so, als ob das Positive keine Rolle spielt und auch nichts verändern würde. Aus diesem Grund möchte ich folgende Übungen zum Perspektivwechsel vorstellen, die Eltern, Schüler aber auch Lehrerteams gut in ihren Alltag einbauen können.

Die vier Körbe und die Kotzschüssel

Max' Eltern Jonas und Katrin sind ein Beispiel für überlastete Eltern, die das Gefühl quält, keine Kontrolle mehr über die vielen herausfordernden Verhaltensweisen ihres Sohnes zu haben.

Jonas und Katrin sind mit den Nerven am Ende. Sie streiten viel mit ihrem Sohn Max. Beide sind erschöpft, jeden Tag der gleiche Kampf um Schule und Hausaufgaben. Täglich bekommen sie Nachrichten aus der Schule, mit wem Max sich wieder geprügelt hat und dass er aus dem Unterricht rausgeflogen ist.

Auch in der Beratung erzählen sie viele Details über das Fehlverhalten ihres Sohnes. Ohne Frage, Schimpfen muss sein dürfen. All den Ärger mal rauszulassen, kann sehr entlastend und befreiend sein, insofern gebe ich dem Ganzen einen Rahmen und stelle den Eltern die sogenannte Kotzschüssel hin.

Ich lade sie ein, sich mal eine Runde ausgiebig auszukotzen. Zuerst schauen sie mich schockiert an, der Ausdruck Kotzen erschreckt sie etwas. Aber eigentlich ist es genau das, was sie jeden Tag tun, wenn sie über ihre Probleme sprechen. Ich gebe ihnen nur die Legitimation, es so zu benennen und es für fünf Minuten auszuleben – dann ist Schluss damit.

Also beginnen Jonas und Katrin, alles rauszulassen: Max macht nie die Hausaufgaben. Er kann keine fünf Minuten ruhig sitzen. Er fliegt aus dem Unterricht und prügelt sich regelmäßig. Zu Hause ist sein Zimmer eine Katastrophe, und jeden Nachmittag streitet er sich mit seiner kleinen Schwester. Gestern hat er Katrin beleidigt und überhaupt, nie hilft er im Haushalt und vergisst immer die Hälfte seiner Unterrichtsmaterialien.

Nachdem Katrin und Jonas alle herausfordernden Verhaltensweisen losgeworden sind, beginnen wir zu sortieren. Ich stelle ihnen einen roten, einen orangen und einen grünen Korb zur Verfügung. In den roten Korb dürfen maximal zwei Verhaltensweisen, die Jonas und Katrin ab sofort nicht mehr akzeptieren wollen. In den orangen Korb kommen all die anderen, die sie kaum aushalten. In den grünen Korb kommen die Verhaltensweisen, die nicht schön, aber aushaltbar sind.

Katrin und Jonas diskutieren, welche Verhaltensweise in welchen Korb soll. Währenddessen stellen sie fest, dass sie die eine oder andere Verhaltensweise unterschiedlich gut aushalten. Unter anderem das unordentliche Zimmer. Katrin macht die Unordnung wütend, Jonas sieht Max' Zimmer ganz klar als seinen Bereich: »Lass ihn doch in Unordnung leben, wenn er das so möchte.« Über die Unordnung zu sprechen, führt dazu, dass beide dieses Thema in den grünen Korb legen können, weil Katrin sich gesehen fühlt und Jonas verspricht, sie zu unterstützen, darüber hinwegzusehen.

Die Schule macht beiden am meisten zu schaffen, deshalb legen sie das Prügeln und Beleidigen von Mitschülern in den roten Korb. In den orangen legen sie das Nicht-Machen der Hausaufgaben und die häuslichen Streitigkeiten.

Im Anschluss an diese Sortierung stelle ich einen weiteren Korb vor – den goldenen Korb. In diesen kommen nur positive Verhaltensweisen von Max, Aspekte, die ihn liebenswert machen. Nun fallen den beiden eine Menge positiver Attribute ein: Max ist hilfsbereit, einfühlsam, besonders sozial, clever, sehr sportlich, er hat einen tollen Kleidungsstil, und mit ihm kann man gute Gespräche führen und lachen.

In den nächsten Wochen sollen Katrin und Jonas nur noch den roten und den goldenen Korb betrachten. Nur diese beiden sollen im Alltag eine Rolle spielen. Die Verhaltensweisen aus den anderen beiden Körben werden, auch wenn sie im Alltag stören, nicht mehr angesprochen.

Katrin und Jonas unternehmen nur noch Maßnahmen gegen die schwierigen Verhaltensweisen aus dem roten Korb und kontaktieren dafür die Schule. Gemeinsam mit der Klassenlehrerin von Max etablieren sie ein Dokumentationssystem. Sie vereinbaren, dass die Lehrerin mit Max einmal die Woche an einem festen Tag zu einer festen Zeit ein Feedbackgespräch über sein Verhalten führt. Hier besprechen Max und die Lehrerin die Verhaltensweisen aus dem roten Korb, und sie nutzt Max' Ressourcen und Kompetenzen, um ihm positive Rückmeldungen zu geben. Sollte die Lehrerin den Termin nicht wahrnehmen können, vertritt der Sportlehrer, den Max besonders mag. Im Feedbackgespräch soll Max sein Verhalten aus der Woche einschätzen. Die Lehrerin berichtet wiederum ihren Eindruck und erwähnt dabei auch gut gelöste Situationen und positive Verhaltensweisen. Das Ergebnis des Feedbackgesprächs bekommen Katrin und Jonas per E-Mail zugesendet. Auch Max' Eltern besprechen mit ihm das wöchentliche Feedback und achten darauf, seine liebenswerten Seiten zu stärken. Einmal im Monat kommen alle zu einem Gespräch in der Schule zusammen, um das weitere Vorgehen zu planen. Nach zwei Monaten überlegen sie gemeinsam, ob das Feedbackgespräch noch nötig ist oder ob Max einen guten Platz in der Schule gefunden hat.

Tatsächlich sind die zeitlichen Strukturen und die Stellvertreter, wie hier der Sportlehrer, wichtig, um Kontinuität und Beharrlichkeit zu sichern. Es ist von Bedeutung, dass Max erlebt, dass sowohl seine Lehrer als auch seine Eltern sich wirklich an die Termine halten. Würden die Termine im Sande verlaufen, könnte Max annehmen, dass er nicht wichtig genug für seine Leuchttürme ist.

Allein schon, dass Max' Eltern eng mit der Schule zusammenarbeiten und mehrere Leuchttürme ihn mit einem geschärften Blick über den Tag begleiten, verändert sein Verhalten. Es ist für Max das erste Mal seit Langem, dass er nicht nur auf sein aggressives und störendes Verhalten angesprochen wird, sondern auch positive Rückmeldung und sogar Komplimente bekommt. Auch die Verlässlichkeit, wie konsequent er in den Blick genommen wird, empfindet er nicht als belastend, sondern er fühlt sich gesehen.

Wunschposter

Das Wunschposter ist eine schöne Familienarbeit, die du auch gut zu Hause gemeinsam mit deinen Kindern entwickeln kannst. Ich arbeite gern in der Beratung damit, wenn eine komplette Familie kommt. Die Teenager sind oft etwas skeptisch und möchten nicht viel erzählen, auch wenn ihnen die Probleme der Familie bewusst sind. Wenn z. B. ein Geschwisterkind alle Aufmerksamkeit auf sich zieht und andere Familienmitglieder aus dem Blickfeld geraten.

In Familiensitzungen sind mir eine ausgeglichene Redezeit und ein respektvoller Umgang miteinander besonders wichtig. Auf bunten Moderationskarten sammeln alle die Kompetenzen und Ressourcen der Familie. Was können wir richtig gut als Familie? Welche Dinge tun wir gemeinsam, die wir nicht aufgeben wollen, was wollen wir in diesem Jahr gemeinsam erleben? Jeder stellt seine Ergebnisse laut vor, und wir kleben sie auf ein großes Poster. Dann sammeln wir von jedem noch Wünsche ein. Was möchtest du gern mit deinen Eltern oder gemeinsam unternehmen? Was wäre dein Wunsch an deinen Bruder oder an deine Schwester? Und sehr berührend finde ich oft die Antworten auf die Frage: Was liebe ich besonders an meinem Bruder, meiner Schwester, an Mama und an Papa?

Alle Karten werden anschließend auf das Plakat geklebt. Vielleicht bekommt jedes Familienmitglied eine eigene Ecke auf dem Poster, in der die entsprechenden Karten ihren Platz finden.

Das Poster hängt ihr an einen Ort, an dem es für jeden von euch gut sichtbar ist. Das Poster kann euch dann das ganze Jahr über begleiten und in schwierigen Momenten auch daran erinnern, worauf es bei euch als Familie ankommt.

Sport ist Lebensenergie

Sport kann die Antwort auf das Verkriechen zu Hause oder auf die Spielkonsole sein, die oft eine naheliegende Alternative zum Schulfrust ist. Besonders hyperaktive Jugendliche finden im Teamsport Entlastung. Hier erleben und sammeln sie Erfolgserlebnisse, die ihnen in der Schule meist fehlen. Viele von ihnen sind talentierte Führungskräfte, die im Teamsport die Möglichkeit haben, diese Stärke auszuleben. Die meisten genießen, mal Teil eines Teams sein zu können, ein Team mit gemeinsamen Werten und Zielen, bei dem sie sich austoben können. Und oft finden sich beim Sport auch andere Leuchttürme, die unsere Kids positiv prägen können.

Bewegung

Auch wenn dein Kind nicht möchte, lade es immer wieder zu gemeinsamen Spaziergängen, Fahrradtouren etc. ein. Ihr müsst nicht stundenlang unterwegs sein, aber fordere es regelmäßig ein.

Sucht gemeinsam einen Teamsport aus. Begleite dein Kind am Anfang. Es reicht auch, dein Kind nach dem Training abzuholen, um Interesse zu zeigen. Im Teamsport erfährt dein Kind neue Erfolgserlebnisse.

Es muss kein Leistungssport sein! Sport soll das Körpergefühl fördern, wie beim Streetdance, Boxen, Selbstverteidigung und vielem mehr.

Toolbox: Kompetenzen und Wertschätzung

Versuche, den negativen Blick auf dein Kind zu verändern, indem du positive Eigenschaften präsent hast, die du in Gesprächen mit dem Helfernetz anführen kannst.

Aufklärung:

» Lass dir von der Psychiaterin und den Therapeuten erklären, was dein Kind aus ihrer Sicht in der Schule braucht. Ermögliche einen gemeinsamen Austausch zwischen deinem professionellen Helfernetz und der Schule. Dann kann hilfreiche Unterstützung umgesetzt werden, die du regelmäßig überprüfen solltest.

» Schwierige Hausaufgabensituationen können der Beziehung zwischen dir und deinem Kind sehr schaden. Suche einen Nachhilfelehrer oder eine Schülerin aus den höheren Stufen, die euch unterstützt.

» Dein Kind braucht klare Strukturen für den Alltag und das Lernen. Notiert sie und hängt sie für alle gut sichtbar auf.

» Sorge für einen ruhigen Arbeitsplatz mit wenig visueller Ablenkung.

» Plane auch regelmäßige Ruhezeiten ein und Bewegung für den Ausgleich.

» Sortiere dich mithilfe der vier Körbe und führe kleine Rituale für Liebesgesten ein (Post-it-Nachrichten am Kühlschrank oder an der Brotbox oder kurze Handynachrichten, die zeigen, dass du an dein Kind denkst).

Mobbing

In den letzten Abschnitten konntest du viel über verschiedene, herausfordernde Schulsituationen lesen. In Momenten, in denen Eltern und Lehrkräfte gemeinsam ins Handeln gekommen sind, konnten sie einer negativen Schulprägung entgegenwirken. Sie konnten den Jugendlichen zeigen, dass die Gemeinschaft sie als Mitglied in ihrem Kreis willkommen heißt. Und dass in dieser bunt zusammengewürfelten Gruppe von Menschen jeder mit seiner besonderen Persönlichkeit einen Platz findet.

Um das Gefühl von Zusammengehörigkeit zu spüren, braucht es auch bei den Jugendlichen ein Gefühl von Identität mit der Gruppe. Jedes Mal, wenn ein Jugendlicher nur negative Erfahrungen im Miteinander macht, werden diese jungen Menschen von der Gemeinschaft isoliert. Auch von ihrer Seite erlischt dann das Interesse, dazugehören zu wollen oder sich für die Gemeinschaft einzusetzen.

Dabei kann Schule positive Erfahrungen ermöglichen. Erfahrungen, in denen auch Jugendliche sich eingeladen fühlen und bemerken, dass, selbst wenn es mal kompliziert wird, sie nicht einfach fallengelassen werden. Identität mit meiner Schulgemeinschaft kann so manchen Streit schneller schlichten und den Umgang miteinander erleichtern.

So eröffnen zum Beispiel Schulleitlinien, die für alle transparent sind und mit denen sich Schulteam, Elternschaft und Schülerschaft identifizieren, einen gemeinsamen Wertekanon, der alle eine gemeinsame Haltung im Schulalltag leben lässt. Diese Identität in einer Schule zu leben, kann Brücken bauen, doch nicht immer interessieren sich alle für die Inhalte. Manche Eltern lesen sich die Schulleitlinien noch vor der Einschulung ihrer Kinder durch. Und nicht immer schaffen es die Schulen, ihren Schülern diese Werte zu vermitteln.

In Sportvereinen, Ferienlagern oder bei den Pfadfindern helfen gemeinsame Gruppennamen, T-Shirts mit einem Logo, ein Maskottchen oder sogar ein Song, die Zugehörigkeit zu fördern. Hier bringen sich Teenager viel eher ein. Sie übernehmen Aufgaben und sorgen sich um ihre Gruppe. Verantwortung für eine Gemeinschaft zu tragen ist mindestens genauso bedeutend wie der Wunsch, von der Gemeinschaft wertschätzend behandelt zu werden.

Verantwortungen zeigen für die Gemeinschaft:

» stärkt die Beziehungen
» stärkt die Identifikation mit der Gemeinschaft
» stärkt das Zusammengehörigkeitsgefühl und vermeidet die Isolation von Einzelnen.

An diesem Verantwortungsgefühl können Eltern und Lehrkräfte ansetzen, wenn eine Eskalation unter Schülern droht. Wie zum Beispiel beim Thema Mobbing, das alle Beteiligten immer wieder an ihre Grenzen bringt. Oft herrschen Rat- und Ideenlosigkeit darüber, wie Mobbingfälle für alle gemeinsam gut gelöst werden können. Immer wieder steht am Ende ein Jugendlicher oder eine Jugendliche isoliert vor der Klasse und verlässt als Konsequenz die Schule.

Mobbing gilt als antisoziales Verhalten. Um dem ein Ende zu setzen, braucht es ein klares gemeinsames Handeln von Schule, Elternschaft und einem professionellen Helfersystem.

Unter Mobbing versteht man folgende Handlungen im Einzelnen oder kombiniert über einen regelmäßigen Zeitraum:

» Ausschließen aus der Gruppe
» verbale Beleidigung
» physische Gewalt
» Erpressung
» Zerstörung von Eigentum

Beleidigungen haben eine besonders perfide und verletzende Form angenommen, seit über die digitalen Kanäle Verunglimpfungen in Bildern, Texten oder Filmen rasend schnell verbreitet werden können.

In Mobbingsituationen sind in der Regel mehrere involviert: der oder die Täter und das Opfer. Aber auch die Klassengemeinschaft teilt sich auf in Unterstützer, Zusehende, Assistenten und Verstärker – egal für wen. Also die, die anfeuern, zuschauen, mitmachen oder sich auf die Seite des Opfers stellen. Mobbing wirkt sich auf alle Beteiligten und somit auf die Gemeinschaft aus.

Die Betroffenen können Angst, Essstörungen, Depressionen, Schulabstinenz, Suizidgedanken und psychosomatische Symptome entwickeln; Leistungsabfall sowie Alkohol- und Drogenmissbrauch sind ebenso mögliche Folgen.

Auf der Täterseite gibt es Aggressionen, unkontrollierte Impulsivität, Ausschluss von Gleichaltrigen, und auch hier können Alkohol- und Drogenmissbrauch und Leistungsabfall eine Rolle spielen. Viele Täter haben selbst Probleme oder haben eigene Mobbingerfahrungen gemacht.

Wenn der Leuchtturm in solchen Situationen nicht handelt, entsteht in der Gemeinschaft (Klasse) ein Vertrauensverlust. Die Folge können Leistungsabfall bei allen Schülern, in der gesamten Klasse sein; Verantwortung, Empathie und Zivilcourage werden nicht gelernt.

Wir können also feststellen, dass durch Mobbing Schaden an der gesamten Klassen- und Schulgemeinschaft entsteht. Für solche Schäden hat die New Authority eine sogenannte *Wiedergutmachung* entwickelt. Darin finden sich die Schlüsselbegriffe Transparenz und Stärkung der Gemeinschaft genauso wieder wie die Vermittlung von Selbstwirksamkeit, Übernahme von Verantwortung und das Bewusstsein, ein vollwertiges Mitglied der Gemeinschaft zu sein.

Zu den Grundsätzen einer Wiedergutmachung gehören:

- Wo Schaden entstanden ist, muss es Entschädigung geben.
- Wir machen alle Fehler, das gehört zu unserem Menschsein dazu.
- Wir lernen unsere Fehler zu korrigieren, damit ein respektvolles und konstruktives Miteinander möglich ist.

Jugendliche sollen die Erfahrung machen, dass es menschlich ist, Fehler zu machen, und dass sie trotz Fehlern eine zweite Chance bekommen. Das Besondere ist auch hier wieder die Haltung. Die Leuchttürme unterstützen die Schüler und Schülerinnen bei einer Wiedergutmachung. Sie werden nicht alleingelassen und somit nicht in die Isolation verbannt. Dabei vermitteln die Leuchttürme allen Beteiligten, auch den Tätern, folgende Kernaussagen:

- Wir sind bereit, dir zu helfen, den Schaden wiedergutzumachen.
- Wir achten darauf, dass dein Ehrgefühl erhalten bleibt.
- Wir dulden dein Verhalten bei uns nicht.
- Entschädigung muss sein, dafür sind wir gemeinsam verantwortlich.

Jugendliche erleben bei einer Wiedergutmachung, dass sie Verantwortung für ihre Gemeinschaft tragen und dieser nachkommen können, indem sie sich aktiv einbringen und darüber ihre vollwertige Mitgliedschaft spüren.

Ich möchte hierzu ein Beispiel von zwei Jungen und ihrer Klasse erzählen, deren Verhalten für mich deutlich Mobbing-Züge aufweist. Jeder beanspruchte für sich, das Opfer zu sein, und schrieb dem anderen die Täterrolle zu. Nach jahrelangen Konflikten initiierte die Klassenlehrerin eine, wie ich finde, sehr gelungene Wiedergutmachung, die mich bis heute sehr berührt:

Jan und Thomas besuchen die siebte Klasse. Vor zwei Jahren begann Jan, Thomas täglich zu beschimpfen und anzurempeln. Sobald Thomas im Unterricht etwas vorlesen musste oder einen mündlichen Beitrag leisten wollte, stöhnte und lachte Jan dabei. Thomas hörte auf, sich am Unterricht zu beteiligen, und wurde mit der Zeit immer aggressiver. So entwickelte sich zwischen den beiden Jungs eine Dynamik von ständigem Hänseln, Anrempeln und Provokationen. Im Laufe der Zeit versammelten beide Jungs ihre eigene kleine Gang hinter sich, die sich sofort zwischen die beiden stellte, wenn es sehr laut und gewalttätig wurde, oder aber sie gern auch in ihrem Streit anfeuerte. Diese Klassensituation wurde für beide Jungs, ihre Klasse und die Lehrkräfte auf Dauer eine so große Belastung, dass mittlerweile die Eltern der beiden auf eine Trennung bestehen. Die Eltern von Thomas verlangen sogar, dass Jan die Schule verlässt.

Es gibt immer wieder unschöne Gespräche mit der Klassenlehrerin, in denen ihr die Eltern mit einer Beschwerde beim Schulamt drohen. Die Klassenlehrerin erlebt die Schultage als immer herausfordernder. Auch für Jan und Thomas beginnt jeder Morgen mit Ermahnungen und Streit zu Hause. Denn beide Eltern haben Angst, dass wieder eine Situation eskaliert und sie sich wieder mit dem Streit ihrer Söhne auseinandersetzen müssen.

Die beiden Jungs verbinden kaum noch etwas Positives mit der Schule, außer das Fußballspielen in der Pause. Für Jan und Thomas ist die Schule zu einem Ort der Bedrohung geworden – Schutz finden sie hier selten. Beide Jungs kommen meist nur noch bedrückt und schlecht gelaunt zur Schule. Sie würden die Situation gern verändern, wissen aber nicht wie. Auch die Klassenlehrerin gesteht sich schließlich ein, dass sie die Situation nicht mehr allein lösen kann. Sie holt sich Unterstützung bei ihrer Schulleitung und bei Kollegen. Die Schule lebt die Haltung, dass niemand aus der Schulgemeinschaft ausgeschlossen wird. Aber alle sind sich einig: So geht es auch nicht weiter.

Also laden die Klassenlehrerin und die Schulleitung Jan und Thomas zusammen mit ihren Eltern zu einem Gespräch ein. Im Konferenzraum treffen sich die Eltern und ihre Söhne sowie die Klassenlehrerin mit ihrer Schulleitung als Unterstützung. Die Schulleitung eröffnet die Runde, heißt alle willkommen und bedankt sich dafür, dass beide Familien zu diesem Gespräch gekommen sind, um eine gemeinsame Lösung zu finden. Mit dieser ungewohnten Geste der Wertschätzung schaffen sie es, im Gespräch freundlich zueinander zu bleiben. Dann übernimmt die Lehrerin. Sie lädt ihre beiden Schüler ein, vom Gespräch aus der Klassenratsstunde zu berichten. Zum ersten Mal können Jan und Thomas von den Vorfällen berichten, ohne dass sie von ihren Müttern aufgeregt unterbrochen werden. Ihre Klassenlehrerin hilft ihnen, auch Positives zu benennen. Sie berichten gemeinsam, dass die Jungs Freunde in der Klasse haben und gar nicht wollen, dass einer die Klasse verlässt. Die Lehrerin ergänzt, dass auch die Klasse sich für eine Lösung einsetzt und angeboten hat, in schwierigen Situationen Jan und Thomas aus der Streitsituation herauszuhelfen. Allerdings berichtet die Klassenlehrerin auch, dass die Klasse sich ebenso die Unterstützung der Eltern wünscht. Die Klassenlehrerin erklärt, dass sie eine Wiedergutmachung plant, um einen Neuanfang für die ganze Klasse zu ermöglichen und beiden Jungs eine Chance einzuräumen, wieder ein vollwertiges Mitglied der Klassengemeinschaft zu werden und die Klasse wieder zu einem sicheren und harmonischen Ort werden zu lassen. Dabei bittet sie auch um die Unterstützung und Offenheit der Eltern.

In den nächsten Wochen plant die Lehrerin, in Kooperation mit den Eltern und den beiden Jungs, eine Wiedergutmachung: Jan und Thomas bitten ihre zwei engsten Freunde, sie zu unterstützen, gemeinsam einen Entschuldigungsbrief zu schreiben, der an den jeweils anderen und auch an die ganze Klasse gerichtet ist. In dem Brief entschuldigen sie sich für den Streit in den letzten Jahren und versprechen, damit ab sofort aufzuhören. Die Jungs vereinbaren mit ihren Freunden, dass sie in Zukunft gemeinsam darauf achten werden, andere nicht zu provozieren und beleidigend anzugehen. Die Vorbereitung der Briefe darf mehrere Wochen dauern. In dieser Zeit kann die Formulierung des Briefes zwischen den Jungs, aber auch zwischen den Eltern verhandelt werden. Die Eltern führen dafür lange Gespräche mit ihren Söhnen, zum einen über die ständige Gewalt und zum anderen, wie die Provokationen von ihrer Seite aufhören können. Jede Seite möchte sich vor falschen Anschuldigungen und Verurteilungen schützen. Denn neues Vertrauen darauf, dass beide wertschätzend aus der Zeremonie herausgehen werden, muss erst wiederaufgebaut werden. So entsteht in diesen Wochen ein Prozess der Veränderung. Die Jugendlichen bemerken, wie intensiv sich alle möglichen Leuchttürme um eine Lösung des Konfliktes und um sie bemühen. Die Stimmung verändert sich. Der Fokus verschiebt sich vom ständigen Ermahnen zu einer lösungsorientierten Zusammenarbeit. Eine Erfahrung, die alle Schüler und Schülerinnen in diesem Fall prägt.

Die Klassenlehrerin gibt (nach ein paar Wochen) den Termin der Wiedergutmachung vor. Am Tag der Wiedergutmachung eröffnet sie den Schultag, heißt alle willkommen und begrüßt ausdrücklich die hinzugekommenen Eltern von Jan und Thomas. Sie sorgt für Struktur und sendet damit die Nachricht an alle: Der Leuchtturm steht wieder fest im Fundament! Die Klasse sitzt gespannt auf ihren Stühlen. Jan liest seine Entschuldigung vor, die Klasse applaudiert, und er kann sich erleichtert hinsetzen. Thomas möchte gerade ansetzen, seinen Brief vorzulesen, als ihm die Stimme versagt. Er bekommt Angst. Da übernimmt sein bester Freund und liest an seiner Stelle den Brief vor. Die Klasse reagiert begeistert und feiert nun auch Thomas und seinen Freund. Damit die Zeremonie der Wiedergutmachung auch eine Party für den Neuanfang wird, haben Jan und Thomas zu Hause mit ihren Müttern Kuchen für die ganze Klasse gebacken. Nach dem Vorlesen der Briefe verteilt der inzwischen entspannte Jan den Kuchen an alle seine Klassenkameraden.

Mobbingsituationen machen auch Autoritätspersonen oft handlungsunfähig. Die ständigen Auseinandersetzungen mit der Schülerschaft und die eskalierenden Elterngespräche verunsichern und ermüden Lehrkräfte. Oft ist der Frust groß, die eskalierende Situation nicht mehr erfolgreich deeskalieren zu können. Die Wiedergutmachung, als Zeremonie von der Lehrkraft angestoßen und geleitet, bringt sie zurück ins Handeln, und der explosiven Stimmung wird Präsenz und Stärke entgegengesetzt. Der feste und klare Rahmen zeigt, der Leuchtturm, in dem Fall die Lehrerin, hat die Krise erkannt und handelt. Dabei sorgt sie für einen sicheren Rahmen, in dem niemand gedemütigt wird und Beziehungserfahrungen korrigiert werden können. Auch die Unterstützung von Schulleitung und den Eltern beweist der Schülerschaft, dass die Schulgemeinschaft zusammenhält und alles unternimmt, um die Schule wieder zu einem sicheren Ort zu machen.

Toolbox: Mobbing

- Informiere die Schule über die Mobbingsituation deines Kindes.
- Bemühe dich, in Kooperation mit der Schule, eine Lösung zu finden.
- Fördere das Selbstbewusstsein und den Selbstwert deines Kindes.
- Unterstütze dein Kind, seine eigenen Grenzen zu setzen.
- Motiviere dein Kind, andere, neue Freundschaften zu schließen.
- Sprich mit deinem Kind immer wieder über die Mobbingsituation und hilf ihm dabei, sich Unterstützung in der Schule zu suchen.
- Rege Mobbingworkshops oder Sozialkompetenzworkshops in der Schule an.

Schlussgedanken

Während ich die letzten Seiten dieses Buches schreibe, habe ich jede Menge intensive Gespräche mit Eltern und Jugendlichen über die Situation ihrer Familien inmitten von Krisen, Hoffnungslosigkeit und Traurigkeit geführt.

Viele Erwachsene haben den Eindruck, den jungen Menschen fehle es an Lebensfreude. Depressive Verstimmungen, Schwermut, Rückzug – all das sind Symptome, die die Jugend mit sich herumträgt. Ich persönlich finde Pauschalisierungen immer problematisch, und doch entsteht der Eindruck, dass seelische Belastungen von Kindern und Jugendlichen unsere Gesellschaft prägen. Jugendliche, die ihr Zimmer, ihre Eltern, ihr Zuhause bevorzugen, anstatt Lust auf Abenteuer und Partys zu haben, waren in der Vergangenheit eher die Ausnahme, heute scheint das das neue Normal zu sein. Für viele Jugendliche ist der eigene Mental-Health-Status zu einem wichtigen Teil ihrer Identität geworden.

Jede Generation bekommt inzwischen ein Label, und die Generation Z (die Jahrgänge zwischen ca. 1998 und 2010) hat das Depressionslabel verpasst bekommen.[16] Und wenn ich auf meine therapeutische Arbeit schaue, betrifft dieses Phänomen auch die nachkommende Generation. Die (längst nicht verarbeiteten) Belastungen durch die Pandemie und die darauffolgenden Krisen beeinflussen die Jugendlichen und deren Eltern bis heute.

Die häufige Selbstbeschreibung von Jugendlichen, die Depression sei Teil ihrer Identität, ist für mich der Schlüssel für einen Lösungsansatz, der Perspektiven schafft. Denn wie zu Beginn gezeigt, sind

Eltern die Ersten, die ihren Kindern dabei helfen, Identität, Wurzeln und Persönlichkeit zu bilden. Die Familie ist der Hafen, mit dem jedes Kind sein ganzes Leben verbunden bleibt. Eltern haben aufgrund iher Lebenserfahrung die Expertise, mit ihren jugendlichen Kindern über Identitätsfindung zu sprechen. Wenn Eltern ihre Kinder auch an der Geschichte des eigenen Suchprozesses teilhaben lassen, schenkt dies Orientierung und Nähe. Und wenn die Depression nicht mehr der bestimmende identitätsstiftende Moment von Jugendlichen sein soll, braucht es neue, andere sinnstiftende Antworten auf die Lebensfrage: Wer bin ich? Doch dafür gilt es zuerst einmal anzuerkennen, dass Jugendliche sich depressiv fühlen.

Wir müssen als Gesellschaft anerkennen, dass das Thema Depression kein Tabuthema mehr ist und dass es transparent und öffentlich benannt, diskutiert und angegangen werden kann. So wie wir den Sport in den Alltag einbauen, so können wir auch die Fürsorge um unsere seelische Gesundheit als Teil unseres Lebens sehen. Es ist die Aufgabe der Leuchttürme, immer wieder Alternativen zu einem depressiv geprägten Leben aufzuzeigen. Dafür brauchen wir zeitgemäße Werte wie eigene Klarheit, Offenheit für Neues und uns Fremdem, Mut zur Authentizität, Kommunikation auf Augenhöhe, die Anerkennung der subjektiven Wirklichkeit der Jugendlichen, Wertschätzung für die angebotenen Lösungsversuche, Fokussierung auf Lösungen und Kompetenzen und eine Offenheit für Perspektivwechsel, um ein besseres Verständnis für Kontexte zu schaffen. Dabei kann auch die digitale Welt Teil der Lösung sein: Hier finden sich schon heute nützliche Informationen, hilfreiche Apps und vieles andere mehr, die Eltern und Jugendliche dabei unterstützen, die Seele zu stabilisieren und wieder Spaß im Leben zu finden. Jeder Leuchtturm, jeder Elternteil, egal in welcher Rolle, braucht Tools, um Jugendliche in problematischen Situationen zu unterstützen. Deshalb war es mir so wichtig, im Buch einige davon vorzustellen, um einen Anfang zu machen.

Depressive Verstimmungen sind für Jugendliche und ihre Familien eine große Belastung. Doch je schneller Eltern handeln, desto größer ist die Chance, den »ungebetenen Gast« wieder aus dem Haus hinauszukomplementieren. Dafür braucht es die sichere Bindung, die Halt gibt, und starke Eltern, die den Weg durch diese unruhigen Zeiten weisen. Dieses Buch zeichnet das Bild, dass Kinder und Jugendliche wie Boote sind, die Orientierung, einen Rahmen und klare Strukturen benötigen. Es gehört zu ihrer natürlichen Entwicklung, dass sie eines Tages den sicheren Hafen verlassen möchten, um die Welt zu entdecken. Du bist der Leuchtturm im Leben deiner Kinder. Du bist der Experte eures Hafens, kennst die Regeln, Strukturen und Werte. Du sorgst täglich für die Boote und erkennst, was sie benötigen. Dabei darfst du nicht außer Acht lassen, dass du nur das Verhalten eines Menschen kontrollieren kannst, und zwar deins. Dafür brauchst du ein festes Fundament, gestärkt durch deinen Wertekompass, der dir dabei hilft, deine Grenzen zu kennen, um zuerst für dich und dann für den ganzen Hafen zu sorgen.

Dabei wirst du vielleicht erleben, dass du alles in deiner Macht Stehende getan hast, um dein Kind aus der Krise zu begleiten, und dass sich trotzdem im Laufe der Zeit eine chronische Depression oder eine immer wiederkehrende depressive Verstimmung ins Leben deines Kindes integriert hat. Dann hilft die Schuldfrage nicht weiter, sondern es bedarf der Akzeptanz des Symptoms, um einen gemeinsamen Umgang damit zu finden.

Die großen Krisen (unserer Gesellschaft oder gar der Erde) entziehen sich unserem direkten Einfluss- und Veränderungsbereich. Aber du kannst jeden Tag aufs Neue Veränderungs- und Gestaltungsmöglichkeiten bei dir selbst suchen und finden und eine Haltung entwickeln, die Verbesserungen und positive Perspektiven möglich macht. So eine Haltung gibt dir die Chance, in deinem persönlichen Umfeld Beziehungen anders, neu und liebevoll zu gestalten, sie zu verändern und Lösungen für herausfordernde Lebensphasen zu finden.

Ich bin davon überzeugt, dass die Gemeinschaft mit Stärke und Präsenz unserer jungen Generation Lebensfreude und -energie vermitteln kann. Als Gesellschaft sollte es uns ein dringendes Anliegen sein, über die einzelnen Teenager, Familien, Schulen und ärztlichen und therapeutischen Fachkräfte hinaus Strukturen und Rahmenbedingungen zu schaffen, die diese Gemeinschaft stärken. Netzwerke und Zusammenarbeit zum Wohle unserer Kinder sollten keine Ausnahme oder individuelle Angelegenheiten sein, sondern selbstverständlich und für alle etabliert. Davon profitieren wir am Ende alle. Auch in unruhigen, krisengebeutelten Zeiten kann die Gemeinschaft den Leuchtturm in seinem Fundament stärken, den Hafen festigen und Jugendlichen eine positive und gesunde Entwicklung ermöglichen.

Anmerkungen

1. Cacioppo (2012)
2. Hubermann (2021)
3. Ravens-Sieberer und Kaman (2021)
4. Informationen zur Studie in Bolle (2023)
5. Ärzteblatt (2014), https://www.aerztezeitung.de/Medizin/Schuetzt-Religion-vor-Depression-240567.html
6. Groen und Petermann (2011), S. 17
7. Groen und Petermann (2011), S. 173
8. Groen und Petermann (2011), S. 143
9. Scharf (2023)
10. Friebel (2020)
11. https://www.neuhland.net/informationsuizid.html
12. Scharf (2023)
13. Bauer (2008)
14. https://www.adhs-deutschland.de/adhs-adhs-ads/die-aufmerksamkeits-defizit-hyperaktivitaets-stoerung-adhs-frueher-hyperkinetisches-2
15. Schorr-Sapir et al. (2020)
16. Zukunftsinstitut (2021), https://www.zukunftsinstitut.de/zukunftsthemen/generation-z-mental-imbalance-youth

Literatur

ADHS Deutschland e. V., Skrodzki, Klaus: Die Aufmerksamkeits-Defizit-Hyperaktivität-Störung (ADHS), früher »Hyperkinetisches Syndrom« (2), https://www.adhs-deutschland.de/adhs-adhs-ads/die-aufmerksamkeits-defizit-hyperaktivitaets-stoerung-adhs-frueher-hyperkinetisches-2 (letzter Zugriff: 28.2.2024)

AOK (2021): Souverän mit sozialen Medien umgehen. https://www.aok.de/pk/magazin/koerper-psyche/psychologie/der-einfluss-sozialer-medien-auf-die-psyche/ (letzter Zugriff: 15.2.2024)

Ärzteblatt (2014): Schützt Religion vor Depression? https://www.aerztezeitung.de/Medizin/Schuetzt-Religion-vor-Depression-240567.html (letzter Zugriff: 15.2.2024)

Ärzteblatt (2022): Soziale Medien mit Depressionen assoziiert. https://www.aerzteblatt.de/nachrichten/129558/Soziale-Medien-mit-Depressionen-bei-Erwachsenen-assoziiert (letzter Zugriff: 15.2.2024)

Bauer, Joachim (2008): *Lob der Schule, Sieben Perspektiven für Schüler, Lehrer und Eltern*, München, Heyne

Beaton, Danielle M. (2022): National Library of Medicine. Experience of criticism in adults with ADHD: A quality study – PMC (nih.gov). https://www.ncbi.nlm.nih.gov/pmc/articles/PMC8856522/ (letzter Zugriff: 15.2.2024)

Bingert, R., Boy, D. & Kolbe, V. (30. Juni 2023): Suizide von Minderjährigen – retrospektive 22-Jahre-Analyse des Leichenschau- und Obduktionsgutes des Instituts für Rechtsmedizin Rostock © Springer-Verlag GmbH, https://link.springer.com/article/10.1007/s00194-023-00633 (letzter Zugriff: 11.3.2024)

Bolle, Wiebke (2023): Nicht wenige denken mehrfach pro Woche darüber nach, lieber tot zu sein. *Welt (online)* https://www.welt.de/wissenschaft/plus246931906/Depression-Nicht-wenige-denken-mehrfach-pro-Woche-darueber-nach-lieber-tot-zu-sein.html (letzter Zugriff: 28.2.2024)

Bühring, Petra (2000): Schulpsychologie und Schule im Dialog: Hoch begabte Schulversager. *Deutsches Ärzteblatt, 2000; 97(9)*: A-515/B-417/C-394, https://www.aerzteblatt.de/archiv/21411/Schulpsychologie-und-Schule-im-Dialog-Hoch-begabte-Schulversager (letzter Zugriff: 28.2.2024)

Bundeszentrale für gesundheitliche Aufklärung (2023): Misch- und Sonderformen (von Essstörungen). https://www.bzga-essstoerungen.de/was-sind-essstoerungen/arten/mischformen/ (letzter Zugriff: 15.2.2024)

Cacioppo, John (2012): Loneliness, health and mortality in old age: A national longitudinal study. In: *Social Sciene & Medicine 74*

Croos-Müller, Claudia (2020): *Ich schaf(f) das!* Kartenset, München. Kösel

Dilling, Horst & Freyberger, Harald J. (Hrsg.) (2013): *Taschenführer zur ICD-10 Klassifikation psychischer Störungen.* Mannheim. Huber

Forschung & Lehre (2022): Mehr Magersüchtige seit der Pandemie https://www.forschung-und-lehre.de/zeitfragen/mehr-magersuechtige-seit-der-pandemie-4603

Friebel, Harry (2020): Selbstverletzendes Verhalten von Jungen. Ärzteblatt, *Juli 2020*, https://www.aerzteblatt.de/archiv/214691/Selbstverletzendes-Verhalten-von-Jungen-Letzte-Kontrolle-ueber-den-Koerper

Groen, Gunter & Petermann, Franz (2011): *Depressive Kinder und Jugendliche.* Göttingen. Hogrefe

Hari, Johann (2022): *Der Welt nicht mehr verbunden.* Hamburg. Harper Collins. 2. Auflage 2022

Höch-Corona, Lilli: *Gefühlsmonster* (Karten im Online-Vertrieb)

Hubermann, Melanie (2021), *Leuchtturmeltern. Wie wir Kindern in der Pubertät Orientierung geben.* München. Dtv

Kinder- und Jugendarzt. Zeitschrift des Bundesverbandes der Kinder- und Jugendärzte e. V. (2023): Ängste, Depression, Essstörungen – Studie der DAK-Gesundheit zeigt Höchstwerte. In: Ausgabe 07/23

MDR Wissen (2023): Veränderungen in der Social-Media-Nutzung können Menschen mit Depressionen helfen. www.mdr.de/wissen/depression-social-media-nutzung-aenderung-psychisches-wohlbefinden100.html (letzter Zugriff am: 15.02.2024)

Meyer-Funke, Ulrike (2023): COPSY-Studie: Ergebnisse der fünften Befragungswelle. Bundesvereinigung Prävention und Gesundheitsförderung e. V., https://bvpraevention.de/cms/index.asp?inst=newbv&snr=13313&t=COPSY-Studie (letzter Zugriff am: 15.02.2024)

Miller, Lisa; Bansal, Ravi & Wickramaratne, Prya (2014): Neuroanatomical Correlates of Religiosity and Spirituality, a Study in Adults at High and low Familial Risk for Depression. In: *JAMA Psychiatry.*

neuhland (2024): Information Suizidgefährdung. https://www.neuhland.net/informationsuizid.html

Plackett, Ruth; Blyth, Alexandra & Schartau, Patricia (2023): The Impact of Social Media Use Interventions on Mental Well Being: Systematic Review. https://www.jmir.org/2023/1/e44922 (letzter Zugriff am: 15.02.2024)

Ravens-Sieberer, Ulrike & Kaman, Anne (2021): Bundesgesundheitsblatt, 2021, Seelische Gesundheit und psychische Belastungen von Kindern und Jugendlichen in der ersten Welle der COVID-19-Pandemie – Ergebnisse der COPSY-Studie

Scharf, Rüdiger (2023): DAK-Studie: In Pandemie hat sich Mediensucht verdoppelt. https://www.dak.de/dak/bundesthemen/dak-studie-in-pandemie-hat-sich-mediensucht-verdoppelt-2612364.html#/ (letzter Zugriff: 15.2.2024)

SCHAU HIN! (2023): Über SCHAU HIN! https://www.schau-hin.info/ueber-uns/initiative (letzter Zugriff: 15.2.2024)

Schlippe, Arist v. & Schweitzer, Jochen (2012): *Lehrbuch der systemischen Therapie und Beratung. Das Grundlagenwissen.* Göttingen. Vandenhoeck & Ruprecht

SpringerMedizin.de (2023): Depression & soziale Medien: Mit diesen 3 Fakten sind Sie up to date. https://www.springermedizin.de/depression---soziale-medien--/25371132 (letzter Zugriff: 15.2.2024)

Schorr-Sapir, Irit; Gershy, Naama; Apter, Alan & Omer, Haim (2020): Parent training in nonviolent resistance for children with attention deficit hyperactivity disorder: a controlled outcome study Received: 10 September 2020 / Accepted: 15 January 2021 © Springer-Verlag GmbH, DE part of Springer Nature 2021 Abstract Current forms of parent training for childhood attention deficit hyperactivity disorder. https://pubmed.ncbi.nlm.nih.gov/33528659/ (letzter Zugriff: 15.2.2024)

Statistisches Bundesamt, Todesursachen Suizide, 2022 veröffentlicht 15. November 2023, https://www.destatis.de/DE/Themen/Gesellschaft-Umwelt/Gesundheit/Todesursachen/Tabellen/suizide.html#119324

Unterberg, Swantje: Optimistisch, hohe Erwartungen und schwer gestresst. Artikel zur Studie Jugend in Deutschland 2023, Klaus Hurrelmann und Simon Schnetzer, 16.05.2023, https://www.spiegel.de/panorama/bildung/studie-ueber-jugend-in-deutschland-optimistisch-voll-hoher-erwartungen-und-schwer-gestresst-a-e61bb2d7-5470-4812-824a-13f56458c67c

Zukunftsinstitut, Dezember 2021, Mental Imbalance Youth: Die verletzte Gen Z, https://www.zukunftsinstitut.de/zukunftsthemen/generation-z-mental-imbalance-youth